MARKUS JEHLE

Astrozyklen

Standardwerke der Astrologie

MARKUS JEHLE

Astrozyklen

Wie wir unsere Zukunft gestalten können

Die bedeutsamen Planetenkonstellationen
des kommenden Jahrzehnts

CHIRON VERLAG

*«Die Zukunft soll man nicht voraussehen wollen,
sondern möglich machen.»*

Antoine de Saint-Exupéry,
Ein Lächeln ist das Wesentliche

ISBN 978-3-89997-189-7
Deutsche Erstausgabe

Die Horoskope wurden mit Sarastro berechnet.

Umschlag: Judith Hamann, Tübingen,
unter Verwendung eines Fotos von Macarena Osorio Schönherr
Druck: Finidr, Český Těšin

Zu beziehen durch den Buchhandel oder direkt beim
Chiron Verlag, Postfach 1250, D-72002 Tübingen

Inhalt

Einführung

Die im Folgenden beschriebenen Astrotrends umfassen die wichtigsten Planetenzyklen und Planetenkonstellationen der nächsten 10 Jahre. Sie wurden erstmals als Hörbuchfassung im Frühjahr 2008 zum Ausdruck gebracht und im Frühjahr 2009 zur nun vorliegenden Buchausgabe überarbeitet und erweitert. Die Inhalte spiegeln den zu diesem Zeitpunkt verfügbaren aktuellen und historischen Wissensstand wider. Bei manchen der Zyklen, die Zeiträume von 30 Jahren und mehr umfassen, liegt der Schwerpunkt der Deutung auf den relevanten Phasen zwischen 2010 und 2020.

Die insgesamt 15 astrologischen Zyklen und Konstellationen sind thematisch in sieben Kapitel gefasst. Kapitel 1 handelt von Vergangenheit und Zukunft, Kapitel 2 von Aufbruch und Erneuerung, Kapitel 3 von Krise und Wandlung, Kapitel 4 von Erlösung und Befreiung, Kapitel 5 von Umkehr und Katharsis, Kapitel 6 von Hoffnung und Erfolg und Kapitel 7 von Chaos und Neuordnung. Im abschließenden Teil des Buches folgt ein Überblick über alle Zyklen und eine kurze Zusammenfassung der wichtigsten Trends.

Zyklen und Zeit

Jeder Planetenzyklus wird zunächst in seinem zeitlichen Kontext dargestellt. Anschließend werden die von den am Zyklus beteiligten Planeten symbolisierten Themen benannt und ihre Entsprechung sowohl auf mundaner, d.h. weltpolitischer und gesellschaftlicher Ebene, als auch im persönlichen Erleben ausführlich beschrieben. Diesem Vorgehen liegt ein zyklisches Verständnis aller Lebensprozesse zugrunde, das nicht von einer ständigen Wiederkehr derselben Prozesse und Inhalte ausgeht, sondern auf der Annahme einer spiralförmig angelegten Weiter- und Höherentwicklung beruht. Auch wenn aus historischer Perspektive bestimmte Themen wiederkehren, bedeutet dies nicht, dass die Geschichte sich zwangsläufig wiederholen muss. Sollten manche der nachfolgend zum Teil auch ganz konkret benannten Prozesse und Entwicklungen anders verlaufen als beschrieben, wäre dies im Sinne einer somit möglicherweise erfolgten Mutation zu wünschen und zu begrüßen.

Keine Erlebnisprophylaxe

Das Wissen um astrologische Trends und Zyklen kann nicht als Erlebnisprophylaxe dienen, um vermeintlich schwierige und leidvolle Erfahrungen abzuwehren oder zu vermeiden. Wer dies versucht, wird leicht zum Opfer seiner Vorstellungen und läuft Gefahr, den Kontakt mit der Wirklichkeit zu verlieren.

Es ist vielmehr Sinn und Zweck der Astrologie, Menschen mit ihrem Schicksal auszusöhnen, indem sie dazu ermutigt werden, das Leben im Rahmen ihrer Möglichkeiten aktiv mitzugestalten.

Komplexität und Zukunft

Die nachfolgend aufscheinende Komplexität astrologischer Zyklen spiegelt die Komplexität irdischen Lebens wider. Nahezu ständig greifen verschiedenste Zyklen ineinander, sodass Themen sich sowohl wechselseitig ergänzen als auch in Kontrast zueinander stehen können.

Es stellt auch für Sie als Leserin und Leser eine große Herausforderung dar, die in diesem Buch besprochenen astrologischen

Zyklen und Konstellationen in eine Übersicht zu bringen und in Bezug zum persönlichen Erleben zu setzen. Um Ihnen dies zu erleichtern, wurden in der vorliegenden Buchversion zu jedem der besprochenen Planetenzyklen Fragen zur persönlichen Selbsterforschung ergänzend hinzugefügt.

Trendanalyse

Im Sinne einer Trendanalyse lässt sich grob vereinfachend sagen, dass anlässlich des Großen Kreuzes im Sommer 2010 bereits viele der bestimmenden Themen zu erkennen sind, die das zweite Jahrzehnt des 21. Jahrhunderts nachhaltig prägen werden. Im Jahr 2011 herrscht eine starke Aufbruchsstimmung, die in vielen Bereichen einen Neuanfang begünstigt. Ab dem Jahr 2012 nehmen die weltweiten Unruhen und Spannungen weiter zu. Sie führen bis 2016 zu immer größeren Umwälzungen und münden spätestens im Jahr 2020 in eine neue Weltordnung. Wie immer in der Geschichte wird es dabei Gewinner und Verlierer geben. Es kann insbesondere in den Jahren 2015 und 2016 zu großen Substanzverlusten kommen, sodass in den Jahren 2017 und 2018 in vielen Bereichen eine Talsohle zu durchschreiten ist. Gleichzeitig sind in der Mitte des kommenden Jahrzehnts auch große Durchbrüche möglich, und diejenigen, die sie erzielen, werden sich vom Glück und Erfolg begünstigt fühlen.

Astrologie als Erkenntnisinstrument

Es ist jedoch stets eine große Bandbreite möglicher Entsprechungen zu den jeweiligen Konstellationen denkbar. Was daraus im politischen, gesellschaftlichen, wirtschaftlichen und persönlichen Bereich konkret entsteht, ist vom Ergebnis her offen und lediglich in seinem thematischen Bedeutungsgehalt bereits heute festgelegt. Astrologie hilft zu verstehen, warum etwas passiert und dies bereits bevor bzw. während es sich ereignet und natürlich auch beim Blick zurück auf historisch Gewordenes.

Die in diesem Buch besprochenen Astrozyklen sollen Ihnen ein solch umfassendes Verständnis ermöglichen. Was die Zukunft bringt, hängt davon ab, was wir ihr geben und dadurch möglich machen. Es steht uns allen frei, welchen Beitrag wir dazu leisten möchten.

Vergangenheit und Zukunft

Pluto in Steinbock (2008 – 2024)

Pluto bewegt sich in den Jahren 2008 bis Anfang 2024 durch das Tierkreiszeichen Steinbock. Die Themen dieses Zeichen bilden die Matrix für alle wesentlichen Krisen und tief greifenden Wandlungsprozesse innerhalb der nächsten 16 Jahre. Der Zyklus hat zwei Höhepunkte, den ersten im Jahr 2017, wenn Pluto auf 18° Steinbock die Oppositionsstelle zu seiner Position von 1930, dem Jahr seiner Entdeckung, erreicht. Dies markiert einen Wendepunkt, der das bisherige Verständnis der astrologischen Bedeutung von Pluto vertiefen wird.

Den zweiten Höhepunkt seiner Reise durch Steinbock bildet die Konjunktion von Pluto mit Jupiter und Saturn im Jahr 2020, was das Inkrafttreten einer neuen Weltordnung symbolisiert.

Die mundanen Entsprechungen von Pluto in Steinbock

Historische Bindungen

Pluto ist der Planet der Bindung und Verstrickung. In Steinbock macht er die Bindung an die Vergangenheit bewusst, das Angewiesensein auf das historisch Gewachsene, die Verstrickung mit der Geschichte, die unterschwellig stets gegenwärtig ist. Alle langfristigen Bindungen, Verträge und Übereinkünfte, die aus einem Bedürfnis nach Sicherheit zustande gekommen sind, werden in Pluto in Steinbock-Perioden auf ihre existenzielle Notwendigkeit hin überprüft. Was verzichtbar ist, soll ein Ende finden. Nur das was trägt und Substanz hat, kann weiterhin Bestand haben. *«Was ist wirklich von Dauer?»* ist eine der zentralen Fragen, um die es daher in Zukunft gehen wird. Eine mögliche Antwort darauf lautet, dass Traditionen nur dann Bestand haben, wenn sie sich wandeln und erneuern.

Gesellschaftliche Normen und Zwänge

Mit Plutothemen gehen stets auch starke Vorstellungsfixierungen einher, aus denen zahlreiche innere und äußere Zwänge resultieren. In Steinbock sind dies vor allem der Zwang zur Norm und der gesellschaftliche Druck, sich an Regeln und Konventionen zu halten. Pluto-in-Steinbock-Perioden können die Autorität des Staates sowohl stärken als auch schwächen, denn sie werfen stets die Frage nach der Legitimation von Macht auf. Es besteht einerseits die Gefahr einer restriktiven Gesetzgebung, andererseits haben Gesetze und Ordnungen, die in dieser Periode geschaffen werden, besonders lange Bestand.

Dies zeigt auch ein Blick auf wichtige geschichtliche Ereignisse früherer Pluto-in-Steinbock-Perioden:

1776 kommt es zur Unabhängigkeitserklärung der USA. Darin werden auch erstmals allgemeine Menschenrechte postuliert. Pluto befand sich auf 27,5° Steinbock.

1517 verfasst Martin Luther seine 95 Thesen und leitet damit die Reformation ein. Pluto stand damals auf 2° Steinbock.

Neue Ordnungen und Machtverhältnisse

Natürlich lässt sich die Vergangenheit nicht eins zu eins auf die Zukunft übertragen, dennoch ist auch unter der aktuellen Pluto-in-Steinbock-Periode damit zu rechnen, dass neue Ordnungen geschaffen und dabei alte Strukturen zerstört werden. Insbesondere die Wirtschaftsordnung, wie wir sie gegenwärtig noch kennen, wird einen tief greifenden Strukturwandel durchlaufen, was auch die Machtverhältnisse auf unserem Planeten nachhaltig verändern wird. Mehr dazu in Kapitel 7.

Überlebensstrategien

Pluto-in-Steinbock-Phasen sind auch Perioden des Mangels. Neben Hungersnöten ist insbesondere mit Engpässen und steigenden Kosten bei der Versorgung mit Rohstoffen, vor allem Erdöl, zu rechnen. Auch der Zugang zu sauberem Trinkwasser dürfte zunehmend zu einem ernsten Thema werden. Damit verbunden ist die Frage, wer die Macht über existenziell notwendige Ressourcen hat und wie über diese Schätze der Erde verfügt werden darf und soll.

Maßnahmen zur Bekämpfung des Mangels an Grundversorgungsgütern werden in den kommenden Jahren viel Aufmerksamkeit erfordern, hohe Kosten verursachen und einen Großteil der politischen Gestaltungskraft und wirtschaftlichen Energie binden. Gegebenenfalls kommt es auch zu harten Einschnitten zur Sicherung des Überlebens. Mit Pluto in Steinbock sind neue und effiziente Überlebensstrategien erforderlich, die Schluss machen mit dem Raubbau an den Ressourcen der Erde.

Schuld und Verantwortung

Die kommenden Jahre werden zudem zeigen, was gesellschaftlich und politisch wirklich relevant ist und wer es tatsächlich verdient, Verantwortung zu tragen und entsprechende Positionen in Wirtschaft und Politik zu bekleiden.

Sowohl das Zeichen Steinbock als auch der Planet Pluto haben einen starken Bezug zum Thema Schuld. Diese Schuld kann aus einem Mangel an Verantwortungsbewusstsein resultieren, aus Sünden und Versäumnissen der Vergangenheit oder aus dem Missbrauch von Macht, um nur einige Faktoren zu nennen. Immer wenn Pluto durch Steinbock läuft, wird daher mit alter Schuld und alten Schulden abgerechnet. Es ist kein Zufall, dass 2008 zeitgleich mit dem Eintritt von Pluto in Steinbock das Bankensystem weltweit mit einer bedrohlichen Schuldenkrise konfrontiert wurde, ursprünglich ausgelöst durch riskante Immobilien- und Hypothekendarlehen in den USA.

Auch dazu gibt es historische Parallelen. Als Pluto in der Zeit von 1516 – 1532 ebenfalls durch Steinbock lief, wurde die in diesem Zeitraum stattfindende Krönung Karls V. zum römisch-deutschen Kaiser nur durch einen Kredit einer der reichsten Handelsfamilien, der Fugger, ermöglicht. Um die Kreditzinsen an die Fugger bezahlen zu können, musste ständig mehr Gold und Silber aus den neu eroberten Ländern Südamerikas nach Europa geschafft werden.

Der Preis der Sicherheit

Steinbock steht für Stabilität und Sicherheit. Es ist auch das Zeichen der Grenzen und der Abgrenzung. Unter Pluto in Steinbock wird die Frage aufgeworfen, was Sicherheit bedeutet, wodurch sie gewährleistet werden kann und welchen Preis, oder drastisch formuliert, welchen «Blutzoll» sie kosten darf.

Wenn die wirtschaftliche, gesellschaftliche oder politische Sicherheit von Staaten bedroht war, wurden in der Vergangenheit meist protektionistische Maßnahmen ergriffen. In der gegenwärtigen Pluto-in-Steinbock-Periode wäre dies sehr gefährlich, nicht nur wegen der mit dem Uranus/Neptun-Zyklus verbundenen Globalisierungsprozesse, sondern auch wegen der langfristigen Konsequenzen für die nachfolgende Pluto-in-Wassermann-Periode.

Straffe Hierarchien

Da Steinbock symbolisch auch für Grenzen und Abgrenzung steht, ist unter Pluto in Steinbock mit Konflikten in Bezug auf staatliche, politische, wirtschaftliche und gesellschaftliche Grenzen zu rechnen. Bestehende Hierarchien können dabei ins Wanken geraten und manche, die sich heute noch zu den Mächtigen zählen, werden unter Umständen die Verlierer und Unterdrückten von morgen sein. Aus historischer Perspektive scheinen straff organisierte Hierarchien und zentralistische Strukturen unter Pluto-in-Steinbock-Perioden von Vorteil zu sein. Insofern dürfte es spannend sein zu sehen, welche Rolle beispielsweise China bei der Errichtung der neuen Weltordnung zukommen wird (siehe Kapitel 7).

In Würde altern und sterben

Steinbock und Pluto stehen auch für das Alter und den Tod. Im kommenden Jahrzehnt muss daher geklärt werden, was es heißt, in Würde zu altern und zu sterben. Hospizeinrichtungen kommt dabei eine wichtige Rolle zu, ebenso den Themen Sterbehilfe und Patientenverfügungen. Darüber hinaus stellt sich unter Pluto in Steinbock auch die Frage, wie stabil und belastbar die sozialen (staatlichen) Sicherungssysteme (wie Rentenversicherung, Krankenkassen etc.) sind. Es ist gut möglich, dass harte Einschnitte sowohl bei den Leistungen als auch bei den Zugangsregelungen erforderlich sind, um den weiteren Fortbestand solcher Systeme sichern und gewährleisten zu können.

Der Rückzug ins Private

Während der Pluto-in-Steinbock-Phase ist auch das Oppositionszeichen Krebs stark angesprochen, insbesondere im Jahr 2017, wenn Pluto wie erwähnt auf knapp 18° Steinbock die Oppositionsstelle zu seiner Position von 1930, dem Jahr seiner

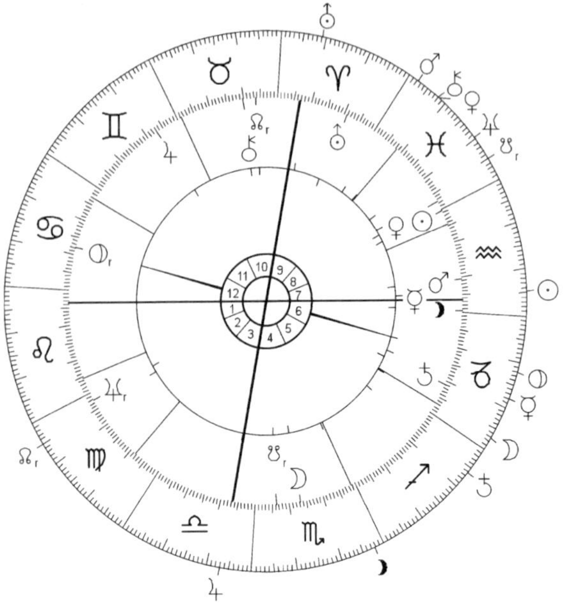

Abb. 1: Pluto erreicht am 25.01.2017 um 3:59 GMT die Oppositionsstelle zu seiner Position im Entdeckungshoroskop vom 18.02.1930, 16:00 MST, Flagstaff, AZ/USA, 111W38, 35N12

Entdeckung, erreicht. Insofern muss unter der aktuellen Pluto-in-Steinbock-Periode auch das Verhältnis zwischen Gesellschaft, Staat und Familie neu geordnet werden. Familienpolitische Themen sowie die Fragen nach der sozialen Sicherung von Familien, Kindern und Bedürftigen werden in Zukunft an Bedeutung gewinnen und zu entscheidenden Machtfragen werden. Wer in diesem Bereich über langfristig tragfähige Konzepte verfügt, der wird im politischen und gesellschaftlichen Bereich zu den Gewinnern der Pluto-in-Steinbock-Periode gehören. Gleichzeitig ist zu beachten: Je stärker die mit Pluto in Steinbock einhergehen Restriktionen und Repressionen von gesellschaftlicher und staatlicher Seite ausfallen sollten, desto größer wird aus Sicht der Bevölkerung die Notwendigkeit sein, sich durch einen Rückzug ins Häusliche und Familiäre private Schutzräume zu schaffen.

Pluto in Steinbock im persönlichen Erleben

Im persönlichen Erleben bildet Pluto die Schnittstelle zwischen dem individuellen Einzel- und dem Kollektivschicksal. Im Zusammenhang mit Plutokonstellationen hat man daher sein Leben nur bedingt in der Hand und muss sich den jeweils gegebenen gesellschaftlichen Rahmenbedingungen stellen.

Von Sündenböcken und Versagern

Während Pluto durch das Zeichen Steinbock wandert, werden vor allem Fragen nach der persönlichen Verantwortung in Bezug auf gesellschaftliche Prozesse aufgeworfen. Wer versagt oder gegen die geltenden Regeln verstößt, läuft Gefahr, zum Sündenbock gemacht und an den Pranger gestellt zu werden. Unter Pluto in Steinbock bedeuten individuelle Schuld und persönliches Versagen den Verlust von Macht und Einfluss.

Unter Pluto in Steinbock gilt es zu erkennen, dass sich persönliche Erfolge nicht erzwingen lassen. Nur wenn die entsprechenden Kompetenzen und Ressourcen vorhanden sind und man den gestellten Herausforderungen und Aufgaben auch wirklich gewachsen ist, kann man sich langsam nach oben arbeiten. Persönlicher Gier und Anmaßung sind unter Pluto in Steinbock enge Grenzen gesetzt. Was zählt sind Leistung, Disziplin und Ausdauer.

Falsche Sicherheitsvorstellungen

Unter Pluto in Steinbock müssen auch falsche Vorstellungen in Bezug auf die eigene Sicherheit korrigiert werden. Möglicherweise muss man feststellen, dass die individuelle Lebensbasis über kein sicheres Fundament mehr verfügt. Dies kann große Existenzängste freisetzen, die es gelassen zu meistern gilt. In den kommenden Jahren sind vor allem diejenigen arm dran, die sich nicht einzuschränken und auf das wirklich Notwendige zu besinnen vermögen. Es ist durchaus möglich, dass man sich über längere Phasen mit Verlusterfahrungen und Mangelsituationen arrangieren muss, ehe wieder bessere Zeiten anbrechen. Auch im eigenen Leben müssen daher unter Pluto in Steinbock die vorhanden Ressourcen langfristig gesichert und ein Raubbau an ihnen verhindert werden.

Angstvorstellungen und Einsamkeit

Wer glaubt, er könne unter Pluto in Steinbock nur dadurch sein Überleben sichern, indem er sich abschottet und auf seinen eigenen Vorstellungen von Recht und Ordnung beharrt, der wird letztlich mit wachsender Isolation und Einsamkeit dafür bezahlen müssen. Die Gefahr, innerlich zu verhärten und mehr und mehr zu verbittern, ist in den kommenden Jahren besonders groß, vor allem bei denjenigen, die sich an ihre Gewohnheiten klammern und ihre Angstvorstellungen auch weiterhin mit der Realität gleichsetzen.

Über-Ich und Autoritätskonflikte

Das von der Psychoanalyse postulierte Über-Ich ist aus astrologischer Perspektive eng mit dem Zeichen Steinbock und dessen Herrscher Saturn verknüpft. Im persönlichen Erleben können sich daher unter Pluto in Steinbock alte Autoritätskonflikte in Zusammenhang mit Vaterfiguren zunehmend verschärfen, sodass immer dringender die Notwendigkeit besteht, sie endgültig bereinigen. In diesem Zusammenhang gilt es sich von verinnerlichten Regeln und Normen aus der Vorstellungswelt der Herkunftsfamilie zu lösen und sein Leben stärker an persönlichen Maßstäben auszurichten, die dem eigenen Naturell mehr Rechnung tragen. Die über lange Zeiträume existierenden Hemmungen und Versagensängste im Umgang mit Autoritätspersonen können unter Pluto in Steinbock transformiert und gelöst werden. Auch die aus der eigenen Kindheit resultierenden Schuld- und Unzulänglichkeitsgefühle lassen sich in dieser Periode weitgehend klären.

Die Macht der Gewohnheit

Ein weiteres wichtiges Thema im persönlichen Erleben der Pluto-in-Steinbock-Periode ist die Auseinandersetzung mit der Macht der Gewohnheit. Vieles im Leben bleibt nur aus dem Grund so wie es ist, weil man sich an das vertraute Elend gewöhnt hat und jede Form von Veränderung fürchtet. Unter Pluto in Steinbock hat man die Chance, mit Gewohnheiten, die einem eher schaden als nützen, endgültig Schluss zu machen und sich aus den Fesseln der Konditionierungen aus der Vergangenheit zu lösen.

Familienbande

Wer unter Pluto in Steinbock über keinerlei familiäre Einbindung und seelisch-emotionalen Rückhalt verfügt, der wird es schwer haben. Ohne den Schutz eines «Rudels», in das man eingebettet ist, wird man die kalten, harten und teilweise grausamen Einschnitte und Verluste der Pluto-in-Steinbock-Periode kaum verkraften können. Auch der Staat wird für viele Menschen nicht länger im bisherigen Maße sorgen können, sodass persönliches und privates Engagement gefragt sind, um die daraus resultierende Not zu lindern. Dazu bedarf es der seelischen

Anteilnahme und Fürsorge des in Opposition zu Pluto in Steinbock stehenden Krebszeichens. Wer sich als innerlich zugehörig und seelisch fest verankert erlebt, der wird auch dazu in der Lage sein, das unter Pluto in Steinbock notwendige Maß an gesellschaftlicher und sozialer Verantwortung zu tragen.

Die Schönheit der Diamanten

In der Natur entstehen bei starken Druckverhältnissen und den entsprechenden Rahmenbedingungen edle Diamanten von besonderer Reinheit und Schönheit. Durch die Krisen- und Wandlungsprozesse der Pluto-in-Steinbock-Periode lassen sich die wahren Schätze erkennen, die tief in der Vergangenheit vergraben liegen, und es gilt, sie ans Licht zu bringen und zum Nutzen aller strahlen zu lassen. Dazu braucht es ein starkes Rückgrat, Durchhaltevermögen, Verantwortungsbewusstsein und Mut zu konsequentem Handeln.

Die Zeichenstellungen von Saturn während der Pluto in Steinbock-Periode

Während Pluto durch Steinbock wandert, kommt Saturn als Herrscher dieses Zeichens eine besondere Bedeutung zu. Nachfolgend werden die jeweiligen Zeichenstellungen von Saturn während der Pluto-in-Steinbock-Periode kurz beschrieben.

Fragen zur Erforschung der persönlichen Resonanz zu den Themen von Pluto in Steinbock:

- Wo steht in Ihrem Leben ein tief greifender Strukturwandel an?
- In welchen Bereichen müssen Sie verantwortungsbewusster mit Ihrer Macht umgehen lernen?
- Unter welchen Sachzwängen leiden Sie am meisten?
- Welchen Autoritäten fühlen Sie sich machtlos ausgeliefert?
- Was gefährdet Ihr Bedürfnis nach Sicherheit?
- Welche tragenden Lebensstrukturen sind besonderen Belastungen ausgesetzt?
- Wo sind Sie gezwungen, sich auf das Wesentliche zu reduzieren?
- Wo gehen Ihre Vorstellungen von der Welt in die Brüche?
- Worin besteht Ihr wahrer Reichtum?
- Was hat in Ihrem Leben wirklich Substanz?
- Wo bekommen Sie die Macht und Autorität des Staates besonders zu spüren?
- Unter welchen gesellschaftlichen Zwängen und Normen leiden Sie besonders?
- Wo brechen Sie unter dem Druck der Verantwortung, die Sie tragen, fast zusammen?
- Wo laufen Sie Gefahr, zum Sündenbock kollektiver Verdrängungen zu werden?
- In welchen Bereichen halten Sie sich nahezu zwanghaft an vorgegebene Normen und Regeln?
- Wo sollten Sie Menschen und Angelegenheiten bis zu deren wahrem Wesen auf den Grund gehen?
- Aus welchen Ruinen können Sie wieder auferstehen, aus welchen nicht?
- Welche Verluste sind endgültiger Natur?

Saturn in Jungfrau (2007 – 2010)

Saturn wechselte am 2. September 2007 in Jungfrau. Er verlässt dieses Zeichen am 29. Oktober 2009 und kehrt vom 7. April bis 29. Juli 2010 nochmals zurück. Zuletzt befand sich Saturn vom 17. November 1977 bis 5. Januar 1978 und vom 26. Juli 1978 bis 21. September 1980 in Jungfrau.

Die mundanen Entsprechungen von Saturn in Jungfrau

Unter Saturn in Jungfrau spielen Nützlichkeitserwägungen eine zentrale Rolle. Es kommt vor allem darauf an, im gesellschaftlichen Alltag möglichst reibungslose Abläufe zu gewährleisten. Dazu sind bislang gültige Ordnungskriterien einer strengen Überprüfung zu unterziehen und gegebenenfalls neue, besser funktionierende Regelungen zu treffen.

Saturn in Jungfrau steht für ein strenges Ökonomieprinzip, sodass es im wirtschaftlichen Bereich meist zu einschneidenden Rationalisierungsmaßnahmen kommt. Diese werden teilweise auch durch ökonomisch bedingte Sparzwänge und eine Ressourcenverknappung verschärft. Durch eine Besinnung auf das Funktionale und Zweckmäßige lassen sich Abläufe meist einfacher und effektiver gestalten. Manche Vorhaben scheitern in dieser Phase allerdings daran, dass es in Detailfragen zu keiner Einigung kommt und der Streit um Kleinigkeiten den großen Wurf vereitelt.

Während Saturn-in-Jungfrau-Perioden haben Pragmatiker das Sagen und auch das Wissen von Experten und Fachleuten steht hoch im Kurs. Bei Gesetzen und Verträgen kommt es in diesen Zeiten vor allem auf das Kleingedruckte an. In allen Bereichen des gesellschaftlichen Lebens werden Meister gebraucht, die ihr Handwerk verstehen.

Saturn in Jungfrau im persönlichen Erleben

Mit Saturns Reise durch Jungfrau wird geprüft, inwieweit man über die notwendige Reife verfügt, sich in den Dienst an einer Sache zu stellen und persönliche Interessen einer sinnvollen und nützlichen Aufgabe unterzuordnen. Auf die eine oder andere Weise ist man dazu aufgefordert, zu funktionieren und sich bestimmten Erfordernissen des alltäglichen Lebens anzupassen. Was vor allem zählt, ist die Fähigkeit, eigenverantwortlich eine «Dienstleistung» zu erbringen, die für das Gemeinwohl von Wert und Nutzen ist. Dazu ist sowohl eine gewisse persönliche Reife erforderlich als auch ein Wissen darüber, wo die Dienstleistungen am richtigen Platz sind und wirklich gebraucht werden. Entscheidend ist, die im Laufe des Lebens errungen Kompetenzen möglichst optimal zu verwerten, auch wenn dies bedeuten mag, kleinere Brötchen zu backen als ursprünglich vorgesehen.

Fragen zur Erforschung der persönlichen Resonanz zu den Themen von Saturn in Jungfrau:

- Wo fehlt es Ihnen an Vernunft und Gewissenhaftigkeit?
- In welchen Bereichen fällt es Ihnen schwer, sich anzupassen und unterzuordnen?
- Wo mangelt es Ihnen an Disziplin, sodass Ihr Leben nicht in geordneten Bahnen verläuft?
- Womit könnten Sie sich nützlich machen?
- Wo verhalten Sie sich pedantisch und kleinlich, aus Angst, die Kontrolle zu verlieren?
- Worauf sollten Sie verzichten, damit Sie Ihr Leben insgesamt effektiver und ökonomischer gestalten können?
- In welchen Lebensbereichen ist es an der Zeit, die Spreu vom Weizen zu trennen?
- Wo haben Sie Angst zu versagen, weil Sie zu selbstkritisch sind?

Saturn in Waage (2009 – 2012)

Saturn wechselt am 29. Oktober 2009 von Jungfrau in Waage und kehrt vom 7. April bis 21. Juli 2010 nochmals in Jungfrau zurück. Danach wird er sich bis zum 5. Oktober 2012 durch Waage bewegen. Zuletzt befand sich Saturn vom 21. September 1980 bis 29. November 1982 und vom 6. Mai 1983 bis 24. August 1983 in Waage.

Die mundanen Entsprechungen von Saturn in Waage

Unter Saturn in Waage waltet das Prinzip der ausgleichenden Gerechtigkeit. Sämtliche Sünden und Versäumnisse der Vergangenheit gilt es gegen die Verdienste und erzielten Erfolge aufzuwiegen, um zu einer fairen und objektiven Beurteilung zu gelangen. Damit im gesellschaftlichen Bereich der Frieden gewahrt bzw. wiederhergestellt werden kann, müssen Ungerechtigkeiten beseitigt und die Gültigkeit und Einhaltung der Spielregeln gegenüber allen Beteiligten garantiert werden.

Während Saturn-in-Waage-Perioden ist ernste und verantwortungsbewusste Diplomatie gefragt. Mit halbherzigen und seichten Kompromissen ist in dieser Zeit Schluss. Nur ernst gemeinte Friedensbemühungen, die auch den geschichtlichen Gegebenheiten Rechnung tragen, haben Aussicht auf Erfolg. Bei entsprechenden Anstrengungen lassen sich Kompromisse von historischer Bedeutsamkeit erzielen.

Saturn in Waage im persönlichen Erleben

Auch im persönlichen Bereich ist unter Saturn in Waage Fairplay angesagt, und es gilt sich an die Regeln zu halten, die für einen ausgewogenen Interessenausgleich notwendig sind. Wer dagegen verstößt, der muss damit rechnen, mit Sympathieverlust oder gar Liebesentzug bestraft zu werden. Unter Umständen wird man auch damit konfrontiert, dass all die schönen Konzepte der Realität nicht länger standhalten können und man nunmehr gezwungen ist, der Wirklichkeit über das Leben und die Beziehungen zu anderen ins Auge zu schauen. Daraus gilt es die richtigen Konsequenzen zu ziehen, ohne sich durch verletzte Eitelkeit noch mehr zu schaden.

Im Umgang mit anderen Menschen sind unter Saturn in Waage Loyalität, Respekt und Rücksichtnahme gefragt. Nicht alle Beziehungen werden diesem Belastungstest standhalten können. Auch die Last von falschen Kompromissen wird immer schwerer zu ertragen sein. Möglicherweise muss man sich daher von Menschen trennen bzw. von den liebgewordenen Vorstellungen über sie distanzieren, insbesondere dann, wenn kein Gleichgewicht von Geben und Nehmen zu erzielen ist. Was auch immer man zu tun gedenkt, es gilt höflich zu bleiben und keine bösen Fouls zu begehen. Die Regeln des guten Stils und Geschmacks gelten für alle, auch wenn einem dies manchmal ungerecht erscheint.

Fragen zur Erforschung der persönlichen Resonanz zu den Themen von Saturn in Waage:

- Wo sind Sie in den letzten Jahren innerlich aus dem Gleichgewicht geraten?
- Wer hat Ihre Zuneigung verdient, wer nicht?
- Wo haben Sie gegen das Gebot der Fairness verstoßen?
- Welche Annehmlichkeiten können Sie sich leisten, welche nicht?
- Wo hat das Schöne seinen Glanz verloren und ist schal geworden?
- Wo sind Sie Kompromisse eingegangen, die zunehmend schwer auf Ihnen lasten?
- Welche Beziehungen sollten Sie einer gewissenhaften Prüfung unterziehen?
- Wodurch wurde in der Vergangenheit Ihr Gerechtigkeitsempfinden verletzt?

Saturn in Skorpion (2012 – 2015)

Saturn wechselt am 5. Oktober 2012 von Waage in Skorpion und wird dieses Zeichen am 23. Dezember 2014 wieder verlassen. Danach kehrt er vom 15. Juni bis 18. September 2015 nochmals in Skorpion zurück. Während dieser Zeitspanne bildet Saturn eine Rezeption mit Pluto, da sich die beiden Planeten jeweils in dem Zeichen befinden, über das der andere herrscht. Zuletzt befand sich Saturn vom 29. November 1982 bis 6. Mai 1983 und vom 24. August 1983 bis 17. November 1985 in Skorpion.

Die mundanen Entsprechungen von Saturn in Skorpion

Unter Saturn in Skorpion gilt es Schluss zu machen mit falschen Realitätsvorstellungen. Die in dieser Phase anstehende Konfrontation mit der Wirklichkeit ist meist mit tiefen Krisen verbunden, die nicht von heute auf morgen zu lösen sind. Es müssen sämtliche Kraftreserven mobilisiert werden, um zum Kern der Dinge vorzudringen und die ans Eingemachte gehenden Transformationsprozesse zu bewältigen.

Im gesellschaftlichen, wirtschaftlichen und politischen Bereich wird die von Pluto in Steinbock angezeigte Reduktion auf das Wesentliche durch Saturn in Skorpion zur nackten Tatsache, der sich niemand mehr entziehen kann. Damit wird das der Gesellschaft zur Verfügung stehende Transformationspotenzial manifest.

Saturn in Skorpion im persönlichen Erleben

Unter Saturn in Skorpion steht sowohl die Bereitschaft als auch die Fähigkeit zu tief greifenden Wandlungsprozessen auf dem Prüfstand. Diejenigen, die sich endgültig aus Vergangenem zu lösen und Altes hinter sich zu lassen vermögen, werden am meisten von den in dieser Phase anstehenden Krisen profitieren. Wer dagegen nicht dazu bereit ist, sich in gewisser Weise «therapieren» zu lassen, dem steht eine harte Zeit bevor. Unkraut vergeht nicht, lautet die Devise, denn mit Saturn in Skorpion wird der Wille zum Überleben geprüft. In dieser Phase zeigt sich, wie viel Leid man persönlich verkraften kann.

Mit Saturn in Skorpion werden Verletzungen und Ängste sichtbar, die möglicherweise laut nach Rache schreien. Es geht um weit in die Vergangenheit zurückreichende Schuld und deren Sühne. Das damit verbundene Leid, das durchaus auch masochistische Züge tragen kann, soll in dieser Phase ein Ende finden.

Wem es nicht gelingt, den heftigen und teilweise zerstörerischen Krisenprozessen der Saturn-in-Skorpion-Periode etwas Positives abzugewinnen, also gleichsam einen Phoenix aus der Asche emporsteigen zu lassen, der wird an dieser Konstellation nicht viel Freude haben.

Fragen zur Erforschung der persönlichen Resonanz zu den Themen von Saturn in Skorpion:

- Was in Ihrem Leben ist wirklich krisenfest?
- Wo ist Ihre persönliche Schmerzgrenze erreicht, sodass Ihnen nichts anderes übrig bleibt, als innerlich loszulassen?
- Gegenüber wem verspüren Sie ein tief sitzendes Rachebedürfnis?
- An welche tragischen Aspekte Ihres Schicksals sind Sie aufgrund innerer Zwänge und Vorstellungen gebunden?
- Welche Form von Leid muss ein Ende haben?

Saturn in Schütze (2014 – 2017)

Saturn wechselt am 23. Dezember 2014 von Skorpion in Schütze und kehrt vom 15. Juni bis 18. September 2015 nochmals in Skorpion zurück. Danach wird er sich bis zum 20. Dezember 2017 durch Schütze bewegen. Zuletzt befand sich Saturn vom 17. November 1985 bis 14. Februar 1988 und vom 10. Juni bis 12. November 1988 in Schütze.

Die mundanen Entsprechungen von Saturn in Schütze

Saturn-in-Schütze-Perioden stehen für das Ende falscher Hoffnungen und den Beginn realer Gewissheiten. Auf gesellschaftlicher Ebene ist eine Überprüfung von Zielen und Leitbildern erforderlich. Nur wenn die Richtung stimmt, kann es unter Saturn in Schütze weiter aufwärts gehen. Gefragt sind vor allem moralisch integre Vorbilder und Autoritätsfiguren, die über einen weiten Horizont verfügen. Weniger gebraucht werden verknöcherte Dogmatiker und Moralapostel.

Unter Saturn in Schütze werden moralische, ethische und religiöse Fragestellungen aufgeworfen, deren Beantwortung eine große Ernsthaftigkeit und Tiefe erfordert. Es gilt die großen Daseinsfragen mit Ehrfurcht und Respekt zu behandeln und Antworten zu geben, die auch auf lange Sicht Bestand haben.

Die Gefahr von Saturn-in-Schütze-Perioden besteht darin, dass es zu einer Horizontverengung kommt, die nur noch eine beschränkte Sichtweise erlaubt und kaum noch Hoffnung auf bessere Zeiten lässt. Zwar müssen falsche Heilsversprechungen und überzogene Glückserwartungen in dieser Phase zu Grabe getragen werden, dennoch wäre es klug, den Blick weiterhin nach vorne zu richten und ein Fundament zur Entwicklung und Entfaltung neuer Perspektiven und Potenziale zu legen.

Saturn in Schütze im persönlichen Erleben

Man darf nicht die Hoffnung verlieren, wenn man unter Saturn-in-Schütze-Perioden weiter erfolgreich bestehen und gut vorankommen will. Es ist durchaus möglich, dass einem so manches sinnlos erscheint, was man bislang für wertvoll und richtig erachtet hat. In dieser Phase gilt es zu überprüfen, inwieweit man sich noch auf dem richtigen Weg befindet und die bisherigen Zielsetzungen auch in Zukunft noch Bestand haben können.

Mit Saturn in Schütze ist meist eine grundlegende Neubewertung von Lebenszielen erforderlich. Es zeigt sich in aller Deutlichkeit, welche der bislang gewonnenen Lebensweisheiten im Augenblick der Not und Verzweiflung tatsächlich tragfähig und von substanzieller Bedeutung sind.

Auch die persönliche Glaubwürdigkeit steht unter Saturn in Schütze auf dem Prüfstand, vor allem in moralischer Hinsicht. Wer den anderen Wasser predigt und selbst Wein trinkt, der läuft in dieser Zeit Gefahr, bloßgestellt und in seine Schranken verwiesen zu werden. Autorität, die über keine ausreichende moralische Substanz verfügt, hat unter Schütze-Saturn kaum eine Zukunft.

Fragen zur Erforschung der persönlichen Resonanz zu den Themen von Saturn in Schütze:

- Inwieweit sind Ihren Moralvorstellungen Grenzen gesetzt?
- Wovon haben Sie sich in Ihrem Leben zu viel versprochen?
- Welche Ziele sollten Sie unbedingt ernster ins Auge fassen?
- Wo haben Sie einen zu engen Horizont, um in Zukunft gut voran zu kommen?
- Wo laufen Sie Gefahr, auch im Guten das Schlechte zu sehen?
- Welche Hoffnungen sollten Sie langsam endgültig begraben?
- Womit verderben Sie sich und anderen den Spaß und die Freude am Leben?

Saturn in Steinbock (2017 – 2020)

Saturn wechselt am 20. Dezember 2017 von Schütze in Steinbock und wird dieses Zeichen am 22. März 2020 wieder verlassen. Danach kehrt er vom 2. Juli bis 17. Dezember 2020 nochmals in Steinbock zurück. Zuletzt befand sich Saturn vom 14. Februar bis 10. Juni 1988 und vom 12. November 1988 bis 6. Februar 1991 in Steinbock.

Die mundanen Entsprechungen von Saturn in Steinbock

Unter Saturn in Steinbock gilt es die gesellschaftlich, politisch und wirtschaftlich relevanten Fundamente langfristig zu sichern. Tragende Strukturen sind in ihrer Substanz zu festigen, damit ihre Stabilität und Zuverlässigkeit für nachwachsende Generationen gewahrt bleibt. Zur Sicherung der Funktionsfähigkeit des Staates und seiner Einrichtungen sind tragfähige Regelungen zur Ausübung von politischer und gesellschaftlicher Verantwortung zu treffen.

Oftmals kommt es in dieser Phase zu Rangeleien um Kompetenzen und Zuständigkeiten. Im politischen und wirtschaftlichen Bereich sind Revier- und Verteilungskämpfe an der Tagesordnung. Meist werden große Anstrengungen unternommen, um hierarchische Strukturen zu festigen und klare Rangordnungen zu etablieren. Die staatliche Macht und Autorität ist unter Saturn-in-Steinbock-Perioden in der Regel stark und kaum zu bezwingen. Geltende Gesetze und bestehende Spielregeln müssen unbedingt eingehalten werden, sonst drohen massive Sanktionen. Es herrscht ein starkes Bedürfnis nach Ordnung und Sicherheit.

Da Saturn im Jahr 2020 auf Pluto in Steinbock trifft, bekommen seine Themen eine noch größere Relevanz, auch in Bezug auf das gesamte Weltgeschehen. In dieser Phase ist es daher möglich, das Fundament für eine neue Weltordnung zu legen (siehe dazu auch Kapitel 7).

Saturn in Steinbock im persönlichen Erleben

Auf einer persönlichen Ebene ist während Saturn-in-Steinbock-Perioden eine Konzentration auf das Wesentliche erforderlich. In Lebensbereichen, die von existenzieller Bedeutung sind, gilt es zum tragenden Kern und zur inneren Essenz durchzudringen. Man kann nicht mehr so tun als ob, sondern muss Farbe bekennen und zeigen, dass das, was man tut, auch Substanz hat.

Mit Saturn in Steinbock gilt es Verantwortung für die eigene Geschichte und die in der Vergangenheit vorgenommenen Weichenstellungen zu übernehmen. Weder Schuldzuweisungen nach außen noch Schuldgefühle gegen die eigene Person helfen in dieser Phase weiter. Im Gegenteil, es geht um die endgültige Tilgung von Schuld in jeder Form und somit auch um die Beendigung von Karma im traditionellen Sinne.

Saturn in Steinbock-Perioden erfordern auf einer persönlichen Ebene die Auseinandersetzung mit den gegebenen gesellschaftlichen und formalen Rahmenbedingungen zur Sicherung der eigenen Existenz. Wer Erfolge ernten möchte, der muss sich an die Regeln und Konventionen halten. Übertriebenem persönlichem Ehrgeiz sind in dieser Phase meist enge Grenzen gesetzt. Man muss daher darauf achten, dass man mit Saturn in Steinbock nicht zum Untertan seiner selbst wird. Der imperative Druck des Normativen ist in dieser Phase besonders hoch und man hört meist Sätze, die beginnen mit «Man muss», «Es gehört sich nicht», «Es entspricht unseren Gepflogenheiten», «Hier gelten die folgenden Regeln» etc.

Unter Saturn in Steinbock werden auch ungelöste Vaterkonflikte manifest, sodass es häufig zu Autoritätskonflikten kommt. Man reibt sich an strengen Vorgesetzten oder ist selbst streng gegenüber Untergebenen oder Schutzbefohlenen. Diesem Verhalten liegt oft eine Selbstwertproblematik zugrunde, die durch Leistungsstreben oder Duckmäusertum kompensiert werden soll. Unter Saturn in Steinbock ist jedoch meist Schluss mit dem Buckeln nach oben. Nur diejenigen verdienen wirklich Respekt, die auch die erforderlichen Kompetenzen aufzuweisen haben. Für Nieten in verantwortlichen Positionen brechen dagegen unter Saturn in Steinbock harte Zeiten an.

Fragen zur Erforschung der persönlichen Resonanz zu den Themen von Saturn in Steinbock:

- Womit glauben Sie sich verewigen zu müssen?
- Wo neigen Sie zur Strenge und Härte gegen sich selbst und andere?
- Welche Maßstäbe halten Sie für unverrückbar?
- Wo stecken Sie fest, weil Sie starr und unflexibel sind?
- In welchen Lebensbereichen ist eine Grenze erreicht, die Sie respektieren sollten?
- Wo handeln Sie nach Maßstäben, die nicht Ihre eigenen sind?

Der Uranus/Neptun-Zyklus (1993 – 2165)

Dem Tierkreiszeichen Steinbock kommt in Zukunft nicht nur durch Pluto eine besondere Bedeutung zu, es spielt auch beim Zyklus der beiden anderen transpersonalen Planeten Uranus und Neptun eine wichtige Rolle.
Mit der dreifachen Konjunktion von Uranus und Neptun im Jahr 1993 auf 19° Steinbock begann ein neuer, 172 Jahre währender Zyklus dieser beiden Planeten, der im Jahr 2165 mit der nächsten Konjunktion auf 6° Wassermann enden wird. Der Zyklus davor begann im Jahr 1821 mit einer dreifachen Konjunktion auf 3° Steinbock.
In den Jahren 2003 bis 2011 kommt es zu einer Rezeption zwischen Uranus in Fische und Neptun in Wassermann, da beide Planeten sich jeweils in dem Zeichen befinden, über das der andere Planet herrscht. Diese Zeitspanne stellt in gewisser Weise eine Fortsetzung der Konjunktion von 1993 dar. Die Rezeption endet mit dem Wechsel von Uranus in Widder und Neptun in Fische im Frühjahr 2011.

Die mundanen Entsprechungen des Uranus/Neptun-Zyklus

Diese Uranus/Neptun-Konstellation steht für eine Periode, die in besonderem Maße die Fantasie beflügelt und durch das Freisetzen kollektiver Sehnsüchte und Träume große Veränderungen binnen relativ kurzer Zeit ermöglicht. Mit der Uranus/Neptun-Konjunktion 1993 wurde dem technologischen Fortschritt (Stichwort Digitalisierung) Tür und Tor geöffnet. Alte und starre Steinbock-Strukturen lösten sich zunehmend auf, und binnen kurzer Zeit entstanden neue Netzwerke und bislang nicht für möglich gehaltene Formen der Zusammenarbeit.

Die Globalisierungswelle

Das dazu passende Schlagwort heißt Globalisierung. Die Welt ist zu einem «globalen Dorf» geschrumpft. Via Internet ist der gesamte Globus vernetzt. Von fast jedem noch so entfernten Winkel der Erde kann auf das nahezu gesamte Wissen der Menschheit zugegriffen werden. Durch Mobilfunk ist fast jeder an fast jedem Ort nahezu jederzeit erreichbar. Ein internationales Geflecht weltweit operierender Großunternehmen verfügt über eine schier unermessliche wirtschaftliche Macht. Welche Folgen diese Prozesse haben werden, ist noch nicht abzusehen. Fest steht, dass sich derzeit niemand der «Globalisierungswelle» entziehen kann und dass sie sich immer noch in einem rasanten Tempo voranbewegt.

Soziale Reformbewegungen und schleichende Revolutionen

Der Uranus/Neptun-Zyklus ist eng mit sozialen Reformbewegungen verknüpft. Neben der Idealisierung des Traums von der Freiheit, Gleichheit und Brüderlichkeit spielt dabei auch die kollektive Freisetzung von Mitgefühl eine Rolle, das vor allem denjenigen Menschen gilt, die unverschuldet zu Opfern wurden oder anderweitig zu kurz gekommen sind.

Viele Veränderungen und Neuerungen im Rahmen des Uranus/Neptun-Zyklus haben den Charakter einer schleichenden Revolution. Das uranische Mutationspotenzial ist zunächst durch einen neptunischen Schleier getarnt, so dass kaum jemand merkt, welche enormen Veränderungen im Gange sind. Gleichzeitig ist es kaum möglich, sich den Veränderungen zu entziehen. Das Neue sickert in alle Bereiche durch und ist bis in die entlegensten Winkel der Erde zu spüren.

Designerdrogen und paradox wirkende Medikamente

Der Uranus/Neptun-Zyklus steht auch für die Sehnsucht nach neuen Formen von Rausch und Ekstase. Es verwundert daher nicht, dass es mit dem Aufkommen der sog. «Techno-Musik» zu einer rasanten Verbreitung neuer, zumeist künstlicher Drogen kam (z.B. Ecstasy). Die große Gefahr bei den sog. Designerdrogen besteht darin, dass sie in Entsprechung zu Uranus/Neptun eine Freiheit simulieren, die nur zum Schein besteht und dass es auf der körperlichen Ebene zu einer direkten Gehirn-Schädigung bzw. zu Störungen des Nervensystems kommen kann.

Eine weitere Entsprechung des Uranus/Neptun-Zyklus sind paradox wirkende Medikamente. Ritalin zum Beispiel, das bei der ADHS zum Einsatz kommt, hat bei hyperaktiven und aufmerksamkeitsgestörten Kindern statt einer stimulierenden und anregenden eine sedierende und beruhigende Wirkung.

Interessant ist diesem Zusammenhang auch, dass die Pharmaindustrie ab dem Zeitpunkt der Uranus/Neptun-Konjunktion verstärkt damit begonnen hat, für bestimmte Medikamente die passenden Krankheiten zu «erfinden» bzw. über fragwürdige Diagnosen erst zu erzeugen.

Spirituelle Erneuerung

Auch in spiritueller Hinsicht werden durch Uranus/Neptun-Themen neue Wege frei, um Zustände des mystischen Einsseins zu erleben und sich aus trügerischen Illusionen zu befreien. Der Begriff der «Erleuchtung», der in östlichen Religionen und Philosophien eine zentrale Rolle spielt, weist einen deutlichen Bezug zu den Inhalten von Uranus/Neptun auf. Seit der dreifachen Konjunktion beider Planeten im Jahr 1993 sind daher auch im persönlichen Erleben transzendenten Erfahrungen und mystischen Erleuchtungs- und Erweckungserlebnissen Tür und Tor geöffnet. Die etwa zeitgleich im westlichen Kulturkreis einsetzende «Esoterik-Welle» ist lediglich ein profaner Ausdruck des spirituellen Potenzials dieser Konstellation, zeigt jedoch deutlich die großen Sehnsüchte, die durch sie zum Ausdruck kommen.

Digitale Bilderwelten

Mit der Uranus/Neptun-Konjunktion 1993 kamen rasante technologische Neuerungen in Gang, die sich auf digitale Bilderwelten und visuelles Erleben beziehen und der Computerindustrie, den Massenmedien sowie den Herstellern von Foto-/Filmkameras und Fernsehgeräten einen gewaltigen Boom bescherten. Die enormen technischen Möglichkeiten der Bearbeitung und Verbreitung von Bild- und Musikdateien stehen in engem Zusammenhang mit dem Beginn des neuen Uranus/Neptun-Zyklus. Gefährlich ist das mit dem Gebrauch digitaler Medien verbundene Suchtpotenzial, das sich bei Computeranwendungen vor allem auf die Jagd nach schnellen Kicks, Aufregung, Spannung und Sensationen bezieht. Uranus/Neptun setzt eine gewaltige Sehnsucht nach dem Neuen und Unbekannten frei, die es täglich auf stimulierende Weise zu stillen gilt.

Neue religiöse Bewegungen

Wichtige Phasen des Uranus/Neptun-Zyklus bedeuten auch Rückenwind für religiöse Erneuerungsbewegungen und alle Arten von Sekten. Das Erstarken der sog. Kreationisten in den USA beispielsweise, die Darwins Evolutionslehre leugnen, hängt eng mit der Uranus/Neptun-Konjunktion von 1993 und der aktuellen Rezeption von Uranus in Fische und Neptun in Wassermann zusammen. Unter Uranus/Neptun zersplittert der Glaube einerseits in tausend Richtungen, andererseits wächst die Sehnsucht nach Befreiern und Erlöserfiguren, die neues Heil bringen sollen. Spinnern und Wahnsinnigen sind unter Uranus/Neptun so gut wie keine Grenzen gesetzt, nicht nur im religiösen Bereich.

Der Uranus/Neptun-Zyklus im persönlichen Erleben

Simulierte Existenzen

Im Zusammenhang mit dem Uranus/Neptun-Zyklus ist es wichtig zu erkennen, welchen mit der Globalisierung verbundenen Versuchungen man besser widerstehen sollte und wie der eigene Beitrag zur Vernetzung mit Gleichgesinnten aussehen könnte.

Es ist gegenwärtig so einfach wie nie, ein virtuelles Leben zu führen und Existenzformen zu simulieren, die kaum noch Bezug zur Wirklichkeit haben. Viele machen es sich in den schönen neuen multimedialen Bilderwelten gemütlich und scheitern dadurch mehr und mehr an den realen Anforderungen, vor die sie durch das wirkliche Leben gestellt sind.

Schöpferische Begabungen

Gleichzeitig eröffnen Uranus/Neptun-Konstellationen insbesondere schöpferisch begabten Menschen ein weites Feld zur kreativen Verwirklichung ihrer Träume und Sehnsüchte. Dabei spielt die Nutzung neuer Medien und Technologien eine zentrale Rolle. Dass beispielsweise heute fast jeder mit einer eigenen Homepage im Internet sowohl inhaltlich als auch visuell präsent ist, ist nur eine Entsprechung des Potenzials des neuen Uranus/Neptun-Zyklus. Auch die Möglichkeit der Einbindung in soziale Netzwerke und der virtuellen Pflege von Freundschaften via Internetforen ist Uranus/Neptun zuzuordnen, insbesondere ihrer Zeichenstellung in Wassermann und Fische.

Befreiung aus Scheinwelten und Suchtverhalten

Der aktuelle Uranus/Neptun-Zyklus steht in Zusammenhang mit der großen Versuchung, in Scheinwelten und Suchtverhalten abzudriften. Den damit verbundenen Gefahren sollte man auf einer persönlichen Ebene rechtzeitig widerstehen bzw., falls man bereits in den Sog der digitalen Bilderwelten geraten sein sollte, sich möglichst schnell nach Hilfe zu einer Befreiung und Loslösung umschauen. Das Glück, das virtuelle Existenzformen versprechen, bedeutet für diejenigen, die ihm verfallen, über kurz oder lang ein großes Unglück, das sich in Form von nicht gelebtem Leben und dem Verlust von realen zwischenmenschlichen Beziehungen zeigt. Die Freiheiten der digitalen Welten können sich auch schnell als trügerische Illusion und irreführende Simulation erweisen.

Fragen zur Erforschung der persönlichen Resonanz zu den Themen des Uranus/Neptun-Zyklus:

Konjunktionsphase (1993):

- Wo wurden in Ihrem Leben neue Hoffnungen und Sehnsüchte freigesetzt?
- Inwieweit sind Sie persönlich von den gesellschaftlichen Globalisierungsprozessen betroffen?
- In welchen Lebensbereichen haben Sie eine schöpferische Ekstase erlebt?
- Wo wurden Sie jäh aus Ihren Träumen und Sehnsüchten gerissen?
- Welche Freiheiten haben sich nur als schöner Schein und letztlich als Illusion erwiesen?
- Aus welchem Suchtverhalten wollten Sie sich befreien?
- Wo haben Sie eine starke geistige Aufbruchsstimmung verspürt?
- Wo sind Sie einem ekstatischen Veränderungsrausch verfallen?
- Welche spirituellen Potenziale sind in Ihrem Leben freigesetzt worden?
- Wo ist es Ihnen gelungen, sich aus Hilflosigkeit und Opferrollen zu befreien?
- Welche inneren Bilderwelten haben Ihren Wunsch nach Neuem beflügelt?
- Wo ist es Ihnen gelungen, Ihr Anderssein zu enttarnen und offen dazu zu stehen?

Aufbruch und Erneuerung

Der Saturn/Uranus-Zyklus (1988 – 2032)

Der aktuelle Saturn/Uranus-Zyklus begann mit der dreifachen Konjunktion beider Planeten im Jahr 1988 in den letzten Graden des Schütze-Zeichens. Der Zyklus durchlief eine erste Krise mit dem Quadrat in der zweiten Jahreshälfte 1999 in der Mitte der Zeichen Stier und Wassermann. Die Opposition von Saturn und Uranus wurde im November 2008 Ende Jungfrau/Fische erstmals exakt und kam im Februar und September 2009 erneut zustande. Im Jahr 2021 bilden sich insgesamt drei Quadrate in den Zeichen Wassermann/Stier und der Zyklus endet mit der Konjunktion beider Planeten im Jahr 2032 am Ende des Zeichens Zwillinge. Der gesamte Zyklus umfasst also einen Zeitraum von 44 Jahren.

Die mundanen Entsprechungen des Saturn/Uranus-Zyklus

Tradition und Fortschritt

Der Saturn/Uranus-Zyklus handelt vom Spannungsverhältnis zwischen Vergangenheit und Zukunft, zwischen Tradition und Fortschritt. Eine Weisheit dieser Konstellation lautet, dass alles sich fortlaufend weiterentwickeln und ändern muss, um zu bleiben, was es ist. Im Kern geht es bei diesem Zyklus um die Frage, wie Altes und Neues ineinandergreifen und sich konstruktiv ergänzen können.

Das Bewährte neu gestalten

Unter Saturn/Uranus-Konstellationen gilt es, Fehler der Vergangenheit zu korrigieren und sich der Zukunft zuzuwenden. Gelingt dies nicht, kommt es zu Brüchen und Verwerfungen, dann platzen die Nähte, die alles mühsam zusammenhalten. Dies gilt insbesondere für die Oppositionsphase in den Jahren 2008 – 2010. Hier sollte dringend etwas Neues passieren, das zu den Veränderungen und Entwicklungen seit dem Beginn des Zyklus im Jahre 1988 passt. Dabei gilt es vorsichtig zu sein und nicht gleich alles über Bord zu werfen, was inzwischen zu eng und antiquiert erscheint. Manches, was sich seit Langem bewährt hat, wird auch in Zukunft noch zu brauchen sein.

Tradition versus Mutation

Uranus unterbricht die Traditionen, auf die Saturn aufbauen, um Mutationen Raum zu geben. Überall dort, wo die mit Veränderungen und Neuanfängen verbunden Risiken gescheut werden und die Zukunft keinen Platz bekommt, muss die alte Ordnung gestürzt und die Tradition verraten werden. Konstruktive Lösungen sehen anders aus, und es besteht die große Gefahr, dass es unter Saturn/Uranus-Spannungen wie sie in den Jahren 2008 – 2010 sowie 2021 bestehen, zu harten Konfrontationen zwischen Bewahrern und Reformern kommt, die so manche Sollbruchstelle offen legen und dadurch den Lauf der Geschichte ändern oder teilweise auch auf den Kopf stellen.

Rebellion gegen Autoritäten

Unter Saturn/Uranus-Spannungen werden Autoritäten in Frage gestellt. Teilweise wird offen gegen sie rebelliert. Gesetze werden gebrochen, manchmal auch von staatlicher Seite. Normen und Regeln scheinen außer Kraft gesetzt und in manchen Bereichen herrscht über längere Zeit ein Ausnahmezustand. Das Außergewöhnliche und jenseits des Normalen Liegende wird über Nacht zum Maßstab politischen und wirtschaftlichen Handelns. Was gestern noch strengstens verboten war, ist heute plötzlich erlaubt.

Kalkulierte Risiken

Dennoch bieten gerade die spannungsgeladenen Phasen des Saturn/Uranus-Zyklus ausreichend Gelegenheit, bewährte Strukturen durch sinnvolle Reformen zukunftssicher zu machen und auch das eine oder andere wohlkalkulierte Risiko einzugehen, um sich Alternativen zum Bestehenden zu schaffen. Manche langwierigen Probleme lassen sich unter Saturn/Uranus-Konstellationen plötzlich im Handumdrehen lösen. Es herrscht eine starke Entwicklungsdynamik, die es erlaubt, verkrustete Strukturen binnen kurzer Zeit aufzubrechen und zu verändern.

Neue Ordnungen

Der Saturn/Uranus-Zyklus ist eng mit dem Entstehen neuer Ordnungen verknüpft. Was vor Kurzem noch Zukunftsmusik war, kann plötzlich zur Realität werden. Tabus gelten nicht mehr, in manchen Bereichen kann es zu regelrechten Dammbrüchen kommen. Dies hilft die Angst vor Veränderungen auszuhebeln und ermöglicht neuen Konzepten den Durchbruch. Zukunftsplaner und Zukunftsgestalter haben unter Saturn/Uranus Hochkonjunktur.

Der Saturn/Uranus-Zyklus im persönlichen Erleben

Experimente mit der Freiheit

Auf einer persönlichen Ebene stellt der Saturn/Uranus-Zyklus die Frage nach dem richtigen Gleichgewicht zwischen dem Bedürfnis nach Sicherheit auf der einen Seite und dem Wunsch nach Autonomie und Freiheit auf der anderen Seite. Insbesondere die Oppositionsphase, die sich im persönlichen Bereich bis zum Großen Kreuz im Juni 2010 hinzieht, bietet ausreichend Gelegenheit dazu, mit dem Anspruch auf mehr Freiheit und Unabhängigkeit zu experimentieren, ohne dafür elementare Sicherheiten dem Risiko des Verlusts aussetzen zu müssen.

Der Sprung vom Vertrauten ins Unbekannte

Saturn/Uranus-Spannungen schaffen ein Bewusstsein für den konstruktiven Nutzen innerer Konflikte und Widersprüche. Niemand ändert gerne seine vertrauten Gewohnheiten, selbst wenn sie längst nicht mehr zum eigenen Vorteil sind. Glücklicherweise ermöglichen Saturn/Uranus-Konstellationen den Sprung vom Vertrauten ins Unbekannte, auch wenn damit zunächst eine starke Verunsicherung verbunden ist.

Die eigentliche Kunst jedoch besteht darin, rechtzeitig zu erkennen, wo tatsächlich ein Bruch mit der Vergangenheit erforderlich ist, im Unterschied zu Situationen, in denen eine Runderneuerung das Richtige wäre. In vielen Bereichen gilt es unter Saturn/Uranus-Konstellationen aufbauend auf den gemachten Erfahrungen einen Neuanfang zu wagen. Doch nicht jede sich bietende Veränderung stellt zwangsläufig einen Fortschritt dar. Es ist daher wichtig, all jene Prozesse im Auge zu haben, die 1988 ihren Anfang genommen und die 1999 eine krisenhafte Umgestaltung durchlaufen haben. Während der Oppositionsphase in den Jahren 2008 und 2009 ist möglicherweise auch Improvisationstalent gefragt, denn es dauert immer eine Weile, ehe das Neue, das in solchen Phasen zum Ausdruck kommt, einem wieder normal und vertraut erscheint.

Freiheit braucht Verantwortung

Der Zyklus von Saturn und Uranus beinhaltet auf der persönlichen Ebene die Mahnung, selbst die Verantwortung für die eigene Freiheit zu übernehmen. Wahre Autonomie beruht weder auf Rebellion noch irgendwelchen Anti-Haltungen. Gegen etwas zu sein ist nicht gleichbedeutend damit, wirklich frei zu sein. Nur wer über eigene Maßstäbe verfügt, kann in bestimmten Situationen frei und unabhängig handeln und sich das Recht auf Individualität zugestehen.

Sprengkraft und Spaltungspotenzial

Saturn/Uranus-Konstellationen bergen allerdings die Gefahr der Spaltung und Zersplitterung. Es ist daher wichtig, dass es gelingt, das Leben trotz aller – teilweise auch unvorhergesehenen – Umstürze und Veränderungen stets aufs Neue zu stabilisieren und in einem festen Rahmen zu halten. Insbesondere die Spannungsphasen des Zyklus stellen diesbezüglich eine große Herausforderung dar, da es leicht passieren kann, dass das bisherige Leben aus den Fugen gerät und sich nicht ohne Weiteres wieder neu zusammenfügen lässt. Es bedarf daher auch im persönlichen Leben großer Anstrengungen, die Sprengkraft und das Spaltungspotenzial des Saturn/Uranus-Zyklus so zu handhaben, dass daraus neue Formen und Strukturen entstehen und nicht einfach nur das totale Chaos ausbricht.

Freiheit durch Verzicht

Manche Freiräume, die sich unter dem Saturn/Uranus-Zyklus entfalten, werden erst durch Verzicht ermöglicht. Es ist daher klug, sich in manchen Bereichen zu beschränken, um sich neue Freiheiten und Gestaltungsmöglichkeiten zu schaffen. Mit schwerem Gepäck gibt es kein leichtes Vorankommen. Möglicherweise lohnt es sich auch, Verantwortung abzugeben und sich bestimmter Pflichten zu entledigen, damit etwas Neues entstehen kann.

Gustav Mahler hat sinngemäß gesagt, dass Tradition darin besteht, das Feuer weiterzugeben und nicht die Asche anzubeten. Damit ist deutlich zum Ausdruck gebracht, was im Laufe eines Saturn/Uranus-Zyklus zu passieren hat.

Fragen zur Erforschung der persönlichen Resonanz zu den Themen des Saturn/Uranus-Zyklus:

Konjunktionsphase (1988):

- In welchen Lebensbereichen haben Sie sich aus den Fesseln der Vergangenheit befreit?
- Wo haben Sie die Form Ihres bisherigen Lebens gesprengt, um eine Zukunft zu haben?
- Was an Ihrem Leben ließ sich ändern, was war endgültig vorbei?
- Welche Gewohnheiten und Traditionen haben Sie fortgeführt, welche mussten Sie ändern?
- Wie konnten Sie dem Neuen, das in Ihr Leben trat, eine passende Form verleihen?
- Wo haben Sie eine persönliche Wende erlebt, einen Wechsel zwischen Extremen?
- Von welchen Überraschungen wurden Sie aus Ihrem Trott herausgerissen?
- Wo ist Ihnen ein Licht aufgegangen, sodass Sie Ihr Leben ändern mussten?
- Wo hatten Sie Ihre biografische Sollbruchstelle erreicht?

Quadratphase (1999 bis 2000 und 2021):

- Was hat wirklich eine Zukunft, was nicht?
- Wo haben Sie mehr riskiert als Sie verantworten können?
- Inwieweit sägen Sie an dem Ast, auf dem Sie sitzen?
- Wo müssen Sie dringend die Reißleine ziehen bzw. den Schleudersitz betätigen?
- Wo werden Sie von einer Vergangenheit eingeholt, die Sie längst hinter sich wähnten?
- Welche Hindernisse behindern Ihren Fortschritt?
- Wo erleben Sie das Aufeinanderprallen von Vergangenheit und Zukunft in einer Weise, die Sie innerlich zu zerreißen droht?
- Welche Gegensätze lassen sich trotz großer Anstrengungen kaum überbrücken?

Sextilphase (1996 bis 1997 und 2025 bis 2026) bzw. Trigonphase (2002 bis 2003 und 2016 bis 2017):

- Wo fällt es Ihnen leicht, alte Gewohnheiten zu überwinden und sich zu ändern?
- Welchen festgefahrenen Strukturen können Sie frischen Wind einhauchen?
- Wo tun sich für Sie günstige Möglichkeiten auf, um neue Ideen zu realisieren?
- In welche fest gefügten Hierarchien können Sie Bewegung bringen?
- Wo können Sie Ihre Routine durchbrechen und Neues wagen?
- Was lässt sich leicht und ohne Widerstände reformieren?

Oppositionsphase (2008 bis 2010):

- Wo erleben Sie das Zerbrechen und Auseinanderfallen vertrauter Strukturen?
- In welchen Bereichen sind Sie innerlich zerrissen durch den gleichzeitigen Wunsch nach Sicherheit und Freiheit?
- Wo hindert Sie die Vergangenheit daran, Ihre Zukunft neu zu gestalten?
- Was müssen Sie ändern, damit das Bewahrenswerte weiter Bestand hat?
- Wo gilt es Ihre Flexibilität unter Beweis zu stellen und Experimente zu wagen?
- Wen machen Sie dafür verantwortlich, dass in Ihrem Leben nichts Neues passiert?
- Wo klammern Sie sich aus Angst vor Veränderung an längst überholte Traditionen?
- Wodurch fühlen Sie sich eingeengt und Ihrer Freiheit beraubt?
- In welchen Bereichen sollten Sie mit Ihrer Vergangenheit brechen?
- Wo begegnet Ihnen das Alte im neuen Gewand?

Uranus in Widder (2010 – 2019)

Uranus wechselt im Mai 2010 erstmals nach 85 Jahren wieder in das Zeichen Widder. Mitte August kehrt er nochmals für 7 Monate in das Zeichen Fische zurück, ehe er Mitte März 2011 endgültig in Widder wechselt. Er verlässt dieses Zeichen im März 2019 endgültig in Richtung Stier. Zuletzt wanderte Uranus von 1928 bis 1935 durch das Zeichen Widder.

Die mundanen Entsprechungen von Uranus in Widder

In Uranus-in-Widder-Perioden werden starke revolutionäre Kräfte freigesetzt. Es herrscht Aufbruchsstimmung, die jedoch auch dunkle und verdrängte Seiten ans Licht bringen kann.

Eine plutonische Färbung

Ähnlich wie in den Jahren 1932 bis 1934, als Uranus ebenfalls in Widder stehend mehrmals Quadrate zu Pluto in Krebs bildete, wird er auch diesmal auf seiner Reise durch Widder zwischen 2012 und 2015 insgesamt sieben Quadrate zu Pluto, diesmal in Steinbock bilden. Die Geschichte von damals wird sich sicherlich nicht wiederholen, dennoch ist auch die neue Uranus in Widder-Periode eindeutig plutonisch gefärbt, was auf eine unmittelbare Konfrontation mit Schattenthemen hinweist. Mehr dazu in Kapitel V in diesem Buch.

Widder ist das Zeichen des Kampfes, in dem es vor allem darum geht, dem Leben die Stirn zu bieten und sich zu behaupten. Wenn Uranus in dieses Zeichen tritt, werden starke Kräfte mobilisiert, die zu einem Neubeginn in vielen Lebensbereichen genutzt werden können. Es werden jedoch auch Aggressionen freigesetzt, die zu Rivalitäten und Konkurrenzkämpfen führen. Im günstigen Fall entsteht eine Art konstruktiver Wettbewerb zur Erlangung von Kraft und Stärke. Im ungünstigen Fall wird ständiger Streit provoziert, um ein Ventil für aufgestaute Wut und Aggression zu schaffen.

Ständige Unruhen

Aus mundanastrologischer Sicht steht das Zeichen Widder in Verbindung zum Militär sowie zur Stahl- und Waffenindustrie. In diesen Bereichen ist im zweiten Jahrzehnt des 21. Jahrhunderts mit revolutionär anmutenden Entwicklungen zu rechnen. Möglicherweise entstehen neue Formen kriegerischer Auseinandersetzungen und zwar auf Schlachtfeldern, die bislang nicht auf der Agenda standen. Hochtechnologische Kampfhandlungen, die sich in großer Höhe abspielen (Raketenschlachten), dürften dabei eine wichtige Rolle spielen. Es ist auch mit der Entwicklung völlig neuartiger Fluggeräte zu rechnen, ferner ist der Typus des individuellen Einzelkämpfers wieder gefragt. Doch kaum, dass irgendwo eine Schlacht geschlagen ist, steht auch schon die nächste an. Während Uranus-in-Widder-Perioden flackern ständig irgendwo Unruhen auf. Die Welt ist mehr als sonst in hitziger Bewegung und allerorts scheint es an Geduld zu fehlen, um Probleme anders zu lösen als mit Gewalt und nach dem Recht und Gesetz des Stärkeren.

Sportliches Kräftemessen

Ein weiteres wichtiges Feld, auf dem während Uranus in Widder-Perioden mit großen Umwälzungen zu rechnen ist, ist der gesamte Sportbereich, von der Vereinsebene angefangen bis hin zum olympischen Hochleistungssport. Unmittelbar angesprochen sind solche Disziplinen, in denen körperlich-kämpferischer Wagemut und Risikofreude zählen, wie etwa Motorsport, Kampfsport und die ganzen Abenteuersportarten. Es ist gut möglich, dass technologische Fortschritte beispielsweise im Bereich der Dopingkontrollen in Zukunft wieder ein faires und gerechtes Kräftemessen im Rahmen sportlicher Großveranstaltungen erlauben.

Uranus in Widder im persönlichen Erleben

Auf einer persönlichen Ebene bieten sich unter Uranus in Widder zahlreiche Gelegenheiten, neu durchzustarten und die Lasten der Vergangenheit ein Stück weit hinter sich zu lassen. In welchen Lebensbereichen sich dies konkret abspielen wird, zeigt sich im individuellen Horoskop auf der Ebene derjenigen Häuser, die durch das Zeichen Widder angeschnitten sind. Dabei ist es wichtig, initiativ zu werden, ohne die Dinge allzu sehr zu überstürzen und darauf zu achten, dass im Sinne einer Mutation tatsächlich etwas Neues entsteht.

Uranus-in-Widder-Perioden erfordern auf einer persönlichen Ebene Pioniergeist, Mut und Entschlossenheit. Ohne eine gewisse Risikobereitschaft und Experimentierfreude ist kaum ein Vorankommen möglich. Es gilt, spontane Handlungsimpulse sofort aufzugreifen und mit tatkräftiger Entschiedenheit umzusetzen.

Was während Uranus-in-Widder-Perioden im persönlichen Erleben zumeist große Probleme bereitet, ist die nur schwer zu kontrollierende Freisetzung von Wut und Aggression. Was lange gärte, drängt eruptiv nach Entladung. Mit Uranus in Widder gilt es daher Ventile für aufgestauten Zorn zu schaffen, damit es nicht zu gewaltsamen Ausbrüchen kommt.

Fragen zur Erforschung der persönlichen Resonanz zu den Themen von Uranus in Widder:

- Wo sind Sie innerlich so in Aufruhr geraten, dass der Zorn nun unvermittelt aus Ihnen herauszubrechen droht?
- An welchen Fässern ist die Lunte schon am brennen?
- In welchen Bereichen wollen Sie mit einem Schlag alles ganz anders machen?
- Bei welchen Themen würden Sie am liebsten sofort auf die Barrikaden steigen?
- Wo ist es höchste Zeit, Ihr Leben umzukrempeln, damit Sie befreit durchatmen können?
- In welchen Situationen fehlt Ihnen die Geduld, noch länger auf Veränderungen zu warten?
- In welchem Lebensbereich sollten Sie nochmals ganz von vorne anfangen bzw. neu durchstarten?
- Wo brauchen Sie dringend neue Impulse?
- Wo ist Ihr Pioniergeist gefragt?
- Wo müssen Sie Dampf ablassen, um nicht zu explodieren?
- Wo sollten Sie wieder mehr an sich selbst denken und egoistischer werden?

Der Jupiter/Uranus-Zyklus (2010 – 2024)

Die Aufbruchsstimmung von Uranus in Widder wird zusätzlich beflügelt durch den Beginn eines neuen Jupiter/Uranus-Zyklus, der mit der dreifachen Konjunktion beider Planeten in den Jahren 2010 und 2011 im Zeichen Widder einsetzt und bis zur ihrer nächsten Konjunktion im Jahr 2024 im Zeichen Stier dauert. Markante Stationen des Zyklus sind die beiden Quadratphasen in den Jahren 2013/14 in den Zeichen Krebs/Widder und 2021 in den Zeichen Wassermann/Stier sowie die dreifache Opposition Ende 2016 und im Frühling und Herbst 2017 auf der Zeichenachse Waage/Widder.

Die mundanen Entsprechungen des Jupiter/Uranus-Zyklus

Perspektivewechsel

Mit dem Beginn eines neuen Jupiter/Uranus-Zyklus setzen sich im gesellschaftlichen, wirtschaftlichen und politischen Bereich neue Erkenntnisse durch. Es kommt zu einem Wechsel der Perspektive, sodass andere Ziele ins Auge gefasst werden können. In etlichen Bereichen erfolgen überraschende Änderungen und Wendungen in Bezug auf bislang etablierte Meinungen und Ansichten, die in ihrer Plötzlichkeit und Heftigkeit zum Teil an religiöse Konversionserlebnisse erinnern. Ein neuer Geist hält Einzug, der die Hoffnung auf eine bessere Zukunft in sich birgt.

Geistige Höhenflüge

Ein zentrales Thema des Jupiter/Uranus-Zyklus ist die Lust an geistigen Höhenflügen und das Entdecken neuer Horizonte. Insbesondere zu Beginn des Zyklus werden Trends gesetzt, die auf überraschenden Erkenntnissen beruhen und neue Sichtweisen beinhalten. Meist ist damit auch ein Paradigmenwechsel verbunden, und es werden Entdeckungen gemacht, die rasante Fortschritte ermöglichen.

Wer wagt, der gewinnt

Auf einer anderen Ebene handelt Jupiter/Uranus-Zyklus auch davon, was es heißt, das Glück herauszufordern. Es geht um Hoffnungen auf schnelle Gewinne und überraschende Wendungen zum Guten. Kein Wunder also, dass dieser Zyklus eng mit Spekulationen, riskanten Geschäften und Glücksspielen aller Art in Zusammenhang steht. Vor allem während der Quadratphasen des Zyklus scheint einiges auf dem Spiel zu stehen und manche der eingegangenen Risiken können sich dann als zu gefährlich erweisen. Dafür erreichen die in der Konjunktionsphase des Zyklus in den Jahren 2010 und 2011 in Gang gesetzten, zum Teil bahnbrechenden Entwicklungen, zur Oppositionsphase 2016 und 2017 ihren Höhepunkt. Wer wagt, der gewinnt – ein Versprechen, das mit jedem neuen Jupiter/Uranus-Zyklus wieder erneuert wird. Der aktuelle Zyklus startet mit einer Konjunktion im Zeichen Widder. Von daher ist eine starke Aufbruchstimmung zu spüren, die getragen ist von Pioniergeist und der Lust, Gelegenheiten beim Schopfe zu packen und das Glück herauszufordern.

Der Jupiter/Uranus-Zyklus im persönlichen Erleben

Die Jagd nach Kicks

Auf einer persönlichen Ebene setzt der Beginn des Jupiter/Uranus-Zyklus den Wunsch nach Abwechslung und neuen Perspektiven frei. Doch die Jagd nach schnellen Kicks und unkonventionellen Abenteuern hält meist nicht lange an. Die mit Jupiter/Uranus verbundene Aufbruchsstimmung gilt es daher zu bündeln und auf sinnvolle Ziele zu richten. Sofern die Richtung stimmt, können binnen kurzer Zeit große Fortschritte erzielt werden. Selbst Quantensprünge liegen im Bereich des Möglichen. Wer entschlossen seinen Hoffnungen vertraut und sich nicht scheut, neue Wege zu gehen, dem können unverhofft schnelle Erfolge zuteil werden.

Vertrauen in die Zukunft

Im persönlichen Erleben geht es beim Jupiter/Uranus-Zyklus um das Vertrauen in die Zukunft und die Fähigkeit, den Aufbruch ins Neue und Unbekannte zu wagen. Wer das Risiko liebt und seine Chancen zu nutzen weiß, der wird 2010 und 2011 über die innere Gewissheit verfügen, dass seine Zeit gekommen ist. Überzogene Glückserwartungen werden dann allerdings in der Quadratphase des Zyklus in den Jahren 2013 und 2014 umgehend korrigiert werden. Den mit Jupiter/Uranus verbundenen Drang nach neuen Erkenntnissen und Einsichten dürfte dies jedoch kaum bremsen.

Glücksfälle

Um das Potenzial des Jupiter/Uranus-Zyklus voll auszuschöpfen, ist es wichtig, sich mit anderen zu vernetzen und sein Glück in der Gemeinsamkeit mit Freunden und Gleichgesinnten zu suchen. Damit einem das ersehnte Licht aufgeht, bedarf es ständiger Stimulation und Anregung durch andere. Die sich unter Jupiter/Uranus bietenden Chancen und Glücksfälle fallen nicht einfach vom Himmel, sondern sind das Produkt geistiger Kühnheit und toleranter Weltoffenheit. Spießer haben bei diesem Zyklus nichts zu lachen – und falls doch, dann klingt es meist leicht hysterisch. Jupiter/Uranus ist nichts für schwache Nerven, und wer unter dieser Konstellation zu viel riskiert, der kann auch unverhofft durchdrehen.

Fragen zur Erforschung der persönlichen Resonanz zu den Themen des Jupiter/Uranus-Zyklus:

Konjunktionsphase (2010 bis 2011):

- Wo sollten Sie den Sprung ins Neue und Unbekannte wagen?
- Was können Sie tun, um in bestimmten Bereichen das Blatt zu Ihren Gunsten zu wenden?
- Wo brauchen Sie neue Überzeugungen, um besser voranzukommen?
- In welchen Bereichen können Sie auf schnelle Erfolge hoffen?
- Wo lohnt es sich, Ihr Glück zu riskieren?
- Worauf springen Sie gegenwärtig sofort an, was begeistert Sie?

Quadratphase (2013 bis 2014 und 2021):

- Wo sollten Sie aufpassen, Ihr Glück nicht zu sehr zu strapazieren?
- Welche Gelegenheiten sollten Sie besser ungenutzt lassen?
- Wo lockt Sie trotz großer Risiken der Reiz des Neuen und Unbekannten?
- Was müssen Sie ändern, damit sich neue Chancen auftun?
- Wo ist es an der Zeit, Ihre Glaubenssätze und Überzeugungen zu wechseln?

Sextilphase (2012 und 2022) bzw. Trigonphase (2014 bis 2015 und 2019):

- Wo liegt Ihnen das Glück zu Füßen?
- Wo tun sich für Sie überraschend neue Chancen auf?
- Wo haben Sie noch einen Trumpf im Ärmel, den Sie gewinnbringend ausspielen können?
- Was können Sie ohne Anstrengung anders und besser machen?
- Bei welchen Projekten steht Ihnen das Glück zur Seite?
- Wo ergeben sich günstige Gelegenheiten, die Sie nutzen sollten?
- In welchen Bereichen können Sie durch kleine Veränderungen große Fortschritte erzielen?
- Wo würde Ihnen eine neue Perspektive gut tun?

Oppositionsphase (2016 bis 2017):

- Welche Ihrer Hoffnungen auf eine bessere Zukunft haben sich erfüllt, welche nicht?
- Wo sind Sie auf der Jagd nach dem Glück übers Ziel hinausgeschossen?
- Welche Erkenntnisse und Einsichten haben Ihnen neue Freiheiten beschert?
- Welche der von Ihnen eingegangenen Risiken haben sich gelohnt, welche haben Ihnen geschadet?
- Welche neuen Horizonte haben sich Ihnen erschlossen?
- Wo haben Sie eine Wende zum Guten vollziehen können, wo nicht?
- In welchen Lebensbereichen steht ein Richtungswechsel an?

Krise und Wandlung

Der Saturn/Pluto-Zyklus (1982 – 2020)

Unter Pluto in Steinbock kommt dem Saturn/Pluto-Zyklus eine besondere Bedeutung zu, da Saturn Planetenherrscher im Zeichen Steinbock ist. Der aktuelle Saturn/Pluto-Zyklus hat im November 1982 mit der Konjunktion beider Planeten auf 27,5° Waage begonnen und endet mit der nächsten Konjunktion im Januar 2020 auf 23° Steinbock. Den Höhepunkt dieses Zyklus bildete die dreifache Opposition im August und November 2001 sowie im Mai 2002 im Bereich 12° – 16° Zwillinge/Schütze. Das abnehmende Quadrat von Saturn und Pluto wird im November 2009 erstmals exakt und kommt im Januar sowie August 2010 erneut zustande, jeweils im Bereich von 1° bis 5° Waage/Steinbock. In dieser Phase steht eine Kernsanierung an, eine krisenhafte Reduktion auf das Wesentliche. Das abnehmende Sextil findet statt im Dezember 2012 sowie im März und im September 2013 im Bereich von 9° bis 11° Skorpion/Steinbock. In dieser Phase steht eine weitere Verschlankung an getreu dem Motto «small is beautiful». Es handelt sich um eine Periode der inneren Loslösung als Vorbereitung auf die Konjunktion im Jahr 2020. Der gesamte Zyklus umfasst somit einen Zeitraum von 38 Jahren.

Die mundanen Entsprechungen des Saturn/Pluto-Zyklus

Das Lebensfundament

Der Saturn/Pluto-Zyklus bildet das Fundament jeglicher Existenz. Er steht für Prozesse zur Sicherung der Lebens und für Projekte, die sowohl über individuelle Grenzen hinaus als auch über viele Generationen hinweg wirksam sind. Saturn/Pluto-Konstellationen führen unmittelbar zum Kern der Dinge. Sie zeigen, was wirklich wesentlich ist. Saturn/Pluto-Konstellationen symbolisieren das Grundgerüst, das im Leben Halt und Sicherheit gibt und verweisen zugleich auf das, was bleibt und auch nach dem Tod weiterhin Bestand haben wird.

Sanierungsmaßnahmen

Die schwierigste Phase des aktuellen Saturn/Pluto-Zyklus war sicherlich die Oppositionsstellung im Umfeld des 11. September 2001. Die Verarbeitung des Schocks und die Bewältigung der Folgen der damaligen Terror-Anschläge prägt im weltpolitischen Bereich die zweite Hälfte des Saturn/Pluto-Zyklus, möglicherweise sogar bis zum Ende des Zyklus im Jahr 2020. Nach der vergleichsweise ruhigen und stabilisierenden Trigonphase des Zyklus in den Jahren 2007 und 2008 wird die abnehmende Quadratphase von Ende 2009 bis Spätsommer 2010 die Welt nochmals vor große Herausforderungen stellen. In manchen Bereichen wird dann erneut an den Fundamenten gerüttelt. Dies kann Krisen auslösen, die an die Substanz gehen. Hintergrund des Ganzen ist ein tief greifender Strukturwandel, von dem nicht nur einzelne Gesellschaften, sondern auch die gesamte Weltwirtschaft betroffen sind. Dies kann zur Konsequenz haben, dass durch «Sanierungsmaßnahmen» harte Einschnitte erforderlich werden. Manche Dinge und Umstände müssen sich grundlegend wandeln, damit nicht der Boden unter den Füßen wegbricht.

Schulden und Missmanagement

Nach der exzessiven Expansionsphase der Pluto-in-Schütze-Periode von 1995 – 2008 steht das 2009 und 2010 stattfindende erste Saturn/Pluto-Quadrat der Pluto-in-Steinbock-Periode (2008 – 2024) für einen Verdichtungs- und Konzentrationsprozess, der sich im wirtschaftlichen Bereich vor allem als Rezession bemerkbar macht und die Frage nach der Bewältigung der erheblichen Altlasten aufwirft, die durch jahrelanges Missmanagement und strukturelle Fehlentwicklungen entstanden sind.

Der Saturn/Pluto-Zyklus ist aufs Engste mit dem Geldmarktzyklus verbunden, wobei die Spannungsphasen des Zyklus sich meist als äußerst kritisch für die Stabilität von Währungen erweisen. Auch die oftmals mit Saturn/Pluto-Themen verbundenen Rechtsbrüche durch Machthabende zeigen meist in den Spannungsphasen des Zyklus ihre zerstörerische Kraft. Dann rächt sich die für Saturn/Pluto-Themen typische Verführung zum Bösen, und es geht den tyrannischen Machthabern in Politik und Wirtschaft an den Kragen.

Der Pakt mit dem Teufel

«Weniger ist mehr», so könnte das Motto der sich anschließenden Sextilphase von Saturn und Pluto Ende 2012 sowie 2013 lauten. Saturn bewegt sich in dieser Phase durch das von Pluto beherrschte Zeichen Skorpion, wobei es zu einer Rezeption beider Planeten kommt, da Pluto sich durch das von Saturn beherrschte Steinbockzeichen bewegt. Alles Überflüssige dürfte in dieser Phase einer Reduktion auf das Überlebensnotwendige zum Opfer fallen.

Der Saturn/Pluto-Zyklus ist ganz allgemein mit Zerstörungen durch Krisen und Kriege verknüpft. Es symbolisiert die Manifestation von kollektiver Gewalt in schier unvorstellbarem Ausmaß. Der Machtmissbrauch durch staatliche Autoritäten und das damit verbundene grausame Unrecht stellen eine entscheidende Bedrohung im Verlauf des Saturn/Pluto-Zyklus dar. In den Spannungsphasen des Zyklus stehen Politiker sowie wirtschaftliche und gesellschaftliche Verantwortungsträger unter einem enormen Bewährungsdruck, der ihnen schier unmenschliche Kraftanstrengungen und ein besonders starkes Rückgrat abverlangt. Nicht wenige zerbrechen daran oder schließen in der Not einen Pakt mit dem Teufel, was ihnen meist über kurz oder lang das Genick bricht.

Der Saturn/Pluto-Zyklus im persönlichen Erleben

Vorstellungen und Fixierungen

Auf einer persönlichen Ebene ist es meist das Festhalten an gewissen Vorstellungen, von denen man sich bislang Halt und Sicherheit versprochen hat, was Saturn/Pluto-Krisen zusätzlich verschärft. Je besser es gelingt, sich aus alten Fixierungen zu lösen, desto mehr Schwung und Energie steht bei Bewältigung der anstehenden Herausforderungen zur Verfügung.

Möglicherweise sind dennoch auch reale Verluste zu verbuchen. Dies mag schmerzlich sein, bietet jedoch zugleich die Chance, sich auf das zu konzentrieren, was wirklich wesentlich und wichtig ist. Unter Umständen braucht man ja tatsächlich weitaus weniger als man bislang für unbedingt notwendig erachtet hat. Dies kann ungeahnte Kräfte freisetzen, die sich für neue Projekte nutzen lassen.

Die Macht der Vergangenheit

Unter Saturn/Pluto-Konstellationen tritt der Einfluss der Vergangenheit mit aller Macht zutage. Im persönlichen Bereich kann dies zu einer Auseinandersetzung mit der Dominanz und Stärke der Sippe und dem Einfluss der Vorfahren führen. Saturn/Pluto steht für das Sippengewissen und die Sünden und Verfehlungen der Vorfahren, die das Leben der nachwachsenden Generation zum Teil nachhaltig beeinflussen können. Hier bietet die Quadratphase der Jahre 2009 und 2010 die Möglichkeit, sich aus der Sippenhaftung zu lösen und mit den Gespenstern der Vergangenheit zu brechen.

Das Grundgerüst des Lebens

In erster Linie steht der Saturn/Pluto-Zyklus jedoch für das im Laufe des Lebens geschaffene Fundament zur Sicherung der eigenen Existenz. Dieses Grundgerüst des Lebens erfährt in den Spannungsphasen des Zyklus sowie bei Kontakten zu wichtigen Radix-Konstellationen zum Teil gravierende Wandlungen und Veränderungen. Im positiven Sinne geht es dabei um eine Vertiefung und Verdichtung des durch eigene Anstrengungen geschaffenen Lebenswerks. Der Saturn/Pluto-Zyklus führt zur Quintessenz und ermöglicht das Erreichen der höchsten Form von Kompetenz und Meisterschaft auf einem bestimmten Lebensgebiet.

Versagen und Scheitern

Der Preis dafür sind die bitteren Momente des individuellen Versagens und des Scheiterns persönlicher Lebensprojekte. Auf einer persönlichen Ebene ist es daher von großer Bedeutung, wie die Verluste und das mögliche Scheitern während der Quadratphase des Saturn/Pluto-Zyklus in den Jahren 2009 und 2010 so verarbeitet werden können, dass daraus keine neuen Schuld- und Sündenbockprojektionen resultieren und die großen Lebensprojekte in der einen oder anderen Form dennoch weitergeführt werden können.

Die Essenz des Saturn/Pluto-Zyklus im persönlichen Erleben besteht darin, dass man Stück für Stück zu seiner wahren Bestimmung und zur Einsicht in die Notwendigkeiten des Lebens findet.

Fragen zur Erforschung der persönlichen Resonanz zu den Themen des Saturn/Pluto-Zyklus:

Konjunktionsphase (1982):

- In welchen Lebensbereichen ging für Sie eine Ära zu Ende, wo fing eine neue an?
- Welche Lasten konnten Sie nicht länger tragen?
- Wo mussten Sie mit der Macht der Vergangenheit brechen, um neu anzufangen?
- Wo sahen Sie sich gezwungen, mehr Verantwortung zu übernehmen?
- In welchen Bereichen haben Sie damals beschlossen, es bis zur Meisterschaft zu bringen?
- Für welche langfristigen Lebensprojekte haben Sie den Grundstein gelegt?

Quadratphase (1993 bis 1994 und 2009 bis 2010):

- Woran sind Sie durch Schuldgefühle und Versagensängste gebunden?
- Für welche Sünden der Vergangenheit müssen Sie nun büßen?
- In welchen Lebensbereichen steht eine Kernsanierung an?
- Worauf können Sie wirklich bauen? Was hat Bestand?
- Was sind die wahren Ursachen Ihrer Lebenskrisen?
- Wo fühlen Sie sich der Macht Ihrer Ahnen ausgeliefert?
- Wie können Sie Ihre Lebensprojekte vor einem möglichen Scheitern bewahren?

Sextilphase (1989 bis 1990 und 2012 bis 2013) bzw. Trigonphase (1996 bis 1997 und 2007):

- Auf welches Fundament können Sie auch in Krisenzeiten bauen?
- Wie gut kommen Sie mit dem Strukturwandel in bestimmten Lebensbereichen voran?
- Was bedarf einer Renovierung, um Ihnen auch in Zukunft erhalten zu bleiben?
- Wovon sollten Sie sich allmählich lösen, um Platz für Neues zu schaffen?
- Was gibt Ihnen Halt und Sicherheit, wenn Sie unter Druck geraten?
- Wo erleben Sie eine Konsolidierung tragender Lebensprojekte?

Oppositionsphase (2001 und 2002):

- Welche Ihrer Vorstellungen sind in die Brüche gegangen?
- Wo bekamen Sie die Macht des Kollektivschicksals (z.B. 11.09.2001) persönlich zu spüren?
- Welche Fundamente Ihres Lebens sind ins Wanken geraten oder gar eingebrochen?
- Unter welcher Überlastung wären Sie fast zusammengebrochen?
- Wo wurde Ihnen die Macht der Vergangenheit in aller Deutlichkeit vor Augen geführt?
- Welche Zwänge haben Ihnen fast Ihre gesamte Lebenskraft geraubt und wodurch konnten Sie sie überwinden?
- Welche schmerzhaften Erfahrungen haben Sie Ihrer wahren Bestimmung nähergebracht?

Das Große Kreuz (2010)

Am 26. Juni 2010 bildet sich anlässlich einer Mondfinsternis ein Großes Kreuz. Dies ist eine Aspektfigur bestehend aus zwei Oppositionen, die zueinander im Quadrat stehen. Am Großen Kreuz des Sommers 2010 sind die Planeten Jupiter und Uranus beteiligt, die in Opposition zu Saturn stehend ein Quadrat zu Pluto bilden, auf dessen Position sich eine Mondfinsternis ereignet, so dass ein Großes Kreuz zur Sonne in Krebs gebildet wird.

Die mundanen Entsprechungen des Großen Kreuzes

Der Wendepunkt

Das Große Kreuz vom 26. Juni 2010 verbindet die Themen mehrerer Planetenzyklen: des Jupiter/Saturn-Zyklus, des Jupiter/Uranus-Zyklus, des Jupiter/Pluto-Zyklus, des Saturn/Uranus-Zyklus, des Saturn/Pluto-Zyklus sowie des Uranus/Pluto-Zyklus. Insofern kommt es im Sommer 2010 zu einer Initialzündung für die großen, epochalen Entwicklungen und Veränderungen, die sich im zweiten Jahrzehnt des 21. Jahrhunderts abspielen werden. Es tritt deutlich zutage, in welchen Bereichen es zum Ende des ersten Jahrzehnts zu einem Bruch mit der Vergangenheit kommen musste, damit die notwendige Kraft und Energie für den in den Jahren 2010 und 2011 anstehenden Neubeginn zur Verfügung steht.

Der Systemschock

Die Konstellationen des Großen Kreuzes stehen symbolisch für einen «Systemschock», bei dem die Fundamente ins Wanken geraten und bislang tragende Strukturen erschüttert oder gar zerstört werden. Einen Vorgeschmack darauf gab die ab September 2008 einsetzende weltweite Finanz- und Wirtschaftskrise. Die Bewältigung der mit diesem Systemschock verbundenen Folgen wird eine der zentralen Herausforderungen der am Großen Kreuz beteiligten Konstellationen darstellen. Doch es ist auch mit weiteren Systemschocks zu rechnen, vor allem bei Institutionen, die auf eine lange Tradition gründen, deren Fundamente jedoch im Laufe der Zeit im brüchiger geworden sind oder die durch aktuelle Umwälzungen auseinanderzubrechen drohen.

Grundrisse einer neuen Epoche

Integrieren statt Spalten wäre das richtige Motto, um die Herausforderungen der Konstellationen des Großen Kreuzes zu bewältigen. Allerdings wird das in einigen Bereichen herrschende Chaos nicht immer leicht zu bewältigen sein, schon gar nicht mir Rezepten, die auf überholten Prämissen beruhen. Die Zeichen stehen auf Wandel und Neubeginn.

Im Sommer 2010 nehmen die Grundrisse einer neuen Epoche zunehmend Gestalt an. Im Vordergrund steht zunächst die Frage, worauf man bauen kann und worauf nicht. In zweiter Linie geht es um einen Paradigmenwechsel zur Lösung der globalen Probleme und um die richtigen Weichenstellungen bei der Neuordnung brüchiger und maroder Bereiche und Strukturen.

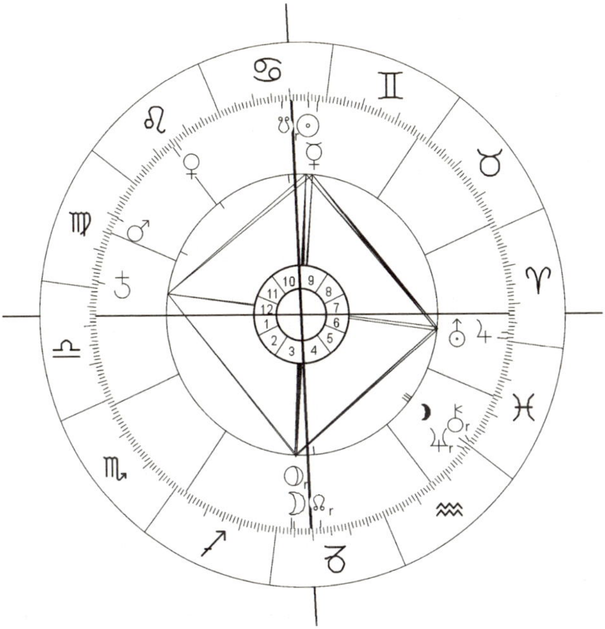

Abb. 2: Das Große Kreuz, 26.06.2010, 11:31 GMT,
erstellt auf Berlin, 13E20, 52N30

Das Große Kreuz im persönlichen Erleben

Ein zyklischer Höhepunkt

Auf einer persönlichen Ebene werden durch das Große Kreuz alle Radix-Konstellationen angesprochen, die sich in den letzten Graden der veränderlichen Zeichen Zwillinge, Jungfrau, Schütze und Fische sowie in den ersten Graden der Kardinalzeichen Widder, Krebs, Waage und Steinbock befinden. In Bezug auf Horoskopfaktoren, die in diesen Gradbereichen liegen, kommt es zu einem zyklischen Höhepunkt von Prozessen, die im Jahr

2000 begonnen haben. Gleichzeitig finden gravierende Veränderungen in Bezug auf Themen statt, deren Ursprung bis in die 80er-Jahre des vergangenen Jahrhunderts zurückreicht.

Korrektur falscher Vorstellungen

Auf einer tieferen und in gewissem Sinne therapeutischen Ebene wurden diese Themen durch den Planeten Pluto vorbereitet, der die sensiblen Gradbereiche des Großen Kreuzes in den Jahren 2006 – 2010 transitierte und der so den Boden für die anstehenden Wandlungs- und Transformationsprozesse bereitete. Das Große Kreuz steht daher vor allem für eine Korrektur falscher und irregeleiteter Vorstellungen, die im persönlichen Bereich im Dienste der Abwehr fundamentaler Ängste aufgebaut wurden. Der bereits angesprochene «Systemschock» könnte sich auf einer persönlichen Ebene dahingehend ausdrücken, dass der Verlust bzw. Zusammenbruch der individuellen Angstabwehr als existenzielle Bedrohung erlebt wird.

Das gefährliche Leben

Der Verlust plutonischer Kontrollmechanismen ist im ersten Moment meist nur schwer zu verkraften. Insofern macht das Große Kreuz wieder bewusst, wie «gefährlich» das Leben tatsächlich ist. In manchen Bereichen wird dadurch deutlich, dass die von angstgebundenen Vorstellungen inszenierten Horrorvisionen eine weit größere Gefahr signalisierten als real vorhanden war, in anderen Bereichen wiederum, die bislang sicher erschienen, können sich Abgründe auftun, die niemand dort vermutet hätte.

Zwischen den Extremen

Im persönlichen Erleben liegen Erfolge und Rückschläge im Sommer 2010 dicht beieinander. Das Leben spielt sich in teilweise extremer Weise zwischen Glück und Unglück, Höhen und Tiefen, Gewinnen und Verlusten, Freude und Trauer ab. Wer über ausreichend Mut, Entschlossenheit und Risikobereitschaft verfügt, dem bieten sich in bestimmten Bereichen günstige Gelegenheiten für einen glücklichen Neubeginn.

Fragen zur Erforschung der persönlichen Resonanz zu den Themen des Großen Kreuzes:

- In welchen Lebensbereichen sind Sie an einem persönlichen Wendepunkt angelangt?
- Wo stehen Sie kurz vor dem Zusammenbruch, wo vor dem Durchbruch?
- Was muss sich in Ihrem Leben grundlegend ändern, damit es weitergehen kann?
- Wo sollten Sie Ihr Glück herausfordern und wo Ihre Erwartungen zurückschrauben?
- Wo haben Sie den Bogen überspannt, wo das Risiko zu sehr gescheut?
- In welchen Bereichen sollten Sie innehalten, in welchen neu durchstarten?
- Was hat Zukunft, was nicht?
- Wodurch neutralisieren sich Ihre Anstrengungen, erfolgreich voranzukommen?
- Wie können Sie die Achterbahnfahrt zwischen Höhen und Tiefen am besten bewältigen?
- Was wäre das richtige Projekt zur Integration all der gegenläufigen Tendenzen, die Sie verspüren?
- Welche inneren Widersprüche stehen möglichen Erfolgen im Weg?
- Wo erleben Sie eine Wende hin zum Guten, wo zum Schlechten?

Die Initialzündung des Kardinalen Kreuzes

Durch die im Großen Kreuz vom 26. Juni 2010 kulminierenden Planetenzyklen kommt es zu einer Initialzündung des Kardinalen Kreuzes. Dadurch werden wichtige Impulse für einen Neuanfang freigesetzt. Aufgrund der dabei in Gang kommenden Prozesse und Entwicklungen werden neue Rahmenbedingungen geschaffen, innerhalb derer sich das Leben künftig abspielen wird.

Planeten im Gradbereich 0° – 5° Widder

Bei den vom Großen Kreuz betroffenen Radix-Planeten in Widder wird eine starke Aufbruchsstimmung freigesetzt, die es in konstruktive Bahnen zu lenken gilt. Probleme könnte vor allem der aufgestaute Zorn bereiten, der durch die Konstellationen des Großen Kreuzes ein Ventil braucht, um nicht in Form von ungezügelter Wut und blinder Aggression zum Ausdruck zu kommen. Wer Planeten in Widder hat, der fackelt nicht lange herum, sondern legt das Feuer sofort an die kürzeste Lunte, derer er habhaft wird. Doch statt mit sinnlosem Aktionismus viel Staub aufzuwirbeln, gilt es die mit dem Großen Kreuz einhergehende Tat- und Willenskraft auf Projekte zu richten, die einer großen Kraftanstrengung bedürfen, um überhaupt in Gang zu kommen. Der Anstoß für die bahnbrechenden und revolutionären Veränderungen, die im Laufe des zweiten Jahrzehnts des 21. Jahrhunderts von großer Bedeutung sein werden, dürfte daher von Menschen mir Radix-Planeten in Widder kommen.

Planeten im Gradbereich 0° – 5° Krebs

Bei den vom Großen Kreuz betroffenen Radix-Planeten in Krebs sind zunächst alte Kränkungen und Verletzungen aufzuarbeiten. Die eigene Verletzlichkeit und emotionale Dünnhäutigkeit rückt in den Blickpunkt der Aufmerksamkeit. Das «dicke Fell» im Dienste der Angstabwehr schützt nicht mehr vor den Höhen und Tiefen seelischer Empfindungen und emotionaler Eindrücke.

Mit dem Großen Kreuz 2010 ist für Planeten in Krebs der Zeitpunkt gekommen, sich aus mütterlich-fürsorglichen Abhängigkeiten und den damit verbundenen Mutter-Kind-Rollen zu befreien. Gleichzeitig werden neue Fürsorgeimpulse freigesetzt, die es auf selbstbestimmte und frei gewählte Art und Weise umzusetzen gilt. Eine wichtige Rolle spielt dabei die Frage, wo das Einfühlungsvermögen und die Fürsorglichkeit, die mit Planeten in Krebs einhergeht, gebraucht werden, um seelische Not und emotionales Leid zu lindern.

Planeten im Gradbereich 0° – 5° Waage

Bei den vom Großen Kreuz betroffenen Radix-Planeten in Waage sind Fairness und Gerechtigkeit geboten, um trotz der großen Unruhen und den zum Teil von Aggressionen und Gewalt begleiteten Umwälzungen auch in Zukunft zu tragfähigen Kompromissen zu gelangen. Dazu wird es erforderlich sein, Ungerechtigkeiten der Vergangenheit auszugleichen und das Verhältnis von Geben und Nehmen neu auszubalancieren.

Mit Radix-Planeten in Waage ist stets die Gefahr verbunden, andere zum Sündenbock für all das zu machen, was man an sich selbst nicht mag. Während man sich ausschließlich mit den schönen, angenehmen und liebenswerten Seiten des eigenen Wesens identifiziert, tobt um einem herum ein Kampf, den man allenfalls schlichten, mit dem man aber bestimmt nichts zu tun haben möchte. Mit den Konstellationen des Großen Kreuzes endet für Menschen mit Radix-Planeten in Waage der aufgrund von massiven Verdrängungen und Projektionen erzeugte schöne Schein. Durch die Konfrontation mit der rauen Wirklichkeit zeigt sich der Waage-Schatten in Form von Egoismus sowie verdrängter Wut und Aggression in aller Deutlichkeit und wird sich auch durch eifrige Diplomatie und Schönfärberei nicht länger leugnen und vertuschen lassen.

Planeten im Gradbereich 0° – 5° Steinbock

Bei den vom Großen Kreuz betroffenen Radix-Planeten in Steinbock sind alte Schuldgefühle und Versagensängste aufzuarbeiten. Dies gilt insbesondere für das Gefühl, nicht zu genügen und aufgrund dessen besonders viel leisten zu müssen. Planeten in Steinbock verleiten dazu, mehr Lasten zu tragen als verkraftbar sind. Die daraus resultierende Überforderung wird im Sinne der Angstabwehr mit Leistungsehrgeiz kompensiert. Das Große Kreuz bietet die einmalige Chance, im Bereich von Steinbock-Planeten für einen gerechten Lastenausgleich zu sorgen und nur soviel Verantwortung zu übernehmen wie tatsächlich erforderlich ist.

In manchen Bereichen wird es darum gehen, die im Laufe der Jahre erworbene Reife und Kompetenz unter Beweis zu stellen, in anderen Bereichen dagegen gilt es sich vom Autoritätsgebaren der Erwachsenenrolle zu verabschieden und Verantwortung abzugeben.

Erlösung und Befreiung

Der Jupiter/Neptun-Zyklus (2009 – 2022)

Jupiter und Neptun bildeten im Laufe des Jahres 2009 insgesamt drei Konjunktionen zwischen 24° und 26,5° Wassermann. Damit fand der alte Zyklus ein Ende, der am 9. Januar 1997 auf 27° Steinbock begonnen hat. Gleichzeitig beginnt ein neuer Zyklus beider Planeten, der knapp 13 Jahre dauert und mit ihrer nächsten Konjunktion 12. April 2022 auf 24° Fische enden wird. In jedem Zeichen, durch das Neptun wandert, kommt es jeweils einmal zu einer ein- bis dreifachen Konjunktion mit Jupiter. Diese Konjunktion stellt den Höhepunkt von Neptuns Reise durch das jeweilige Zeichen dar.

Die mundanen Entsprechungen des Jupiter/Neptun-Zyklus

Der Jupiter/Neptun-Zyklus handelt von Transzendenz. Es geht um die Themen Glaube, Hoffnung und Vertrauen. Der Zyklus öffnet Wege zu geistigem und spirituellem Wachstum und kennt nur ein Ziel: das Paradies auf Erden zu finden. Jupiter/Neptun-Konstellationen haben eine entgrenzende Kraft, sie führen hinaus in ungeahnte Dimensionen. Sie bergen jedoch die Gefahr in sich, abzuheben und völlig den Boden unter den Füßen zu verlieren.

Enthemmtes Wachstum

Auf einer gesellschaftlichen Ebene steht der Jupiter/Neptun-Zyklus in Zusammenhang mit enthemmten, grenzenlosen Wachstumserwartungen. Im wirtschaftlichen und im ökonomischen Bereich kann es zu Wucherungen kommen, die pathologische Ausmaße annehmen. Man glaubt an Wunder und träumt von märchenhaften Gewinnen. Entsprechend groß ist dann die Enttäuschung, wenn die wundersame Blase platzt und die Realität Einzug hält, was meist gegen Ende des Zyklus der Fall ist, wie zuletzt im Jahr 2008. Ähnliches könnte sich dann wieder im Jahr 2020 ereignen.

Hilfe zur Selbsthilfe

Die eher positiven Seiten des Jupiter/Neptun-Zyklus zeigen sich auf gesellschaftlicher Ebene vor allem im sozialen Bereich. Ohne Jupiter/Neptun gäbe es wohl kaum karitative Einrichtungen, Wohlfahrtsverbände oder staatliche Sozialleistungen. Die Kunst im Umgang mit den Themen des Jupiter/Neptun-Zyklus besteht allerdings darin, den Schwachen zu helfen, ohne sie in die Opferrolle zu drängen, also eher Hilfe zur Selbsthilfe zu leisten, anstatt lediglich wohltätige Gaben zu verteilen. Hier steht mit dem Beginn des neuen Zyklus in Wassermann im Jahr 2009 eine Neubesinnung auf höhere Ideale und Zielsetzungen an, die dem Gemeinsinn und dem Recht auf Freiheit und Selbstbestimmung besser als bislang gerecht zu werden vermögen.

Trügerische Fortschritte

Alexander Ruperti schreibt in seinem Buch «Kosmische Zyklen»: «Politischen Plänen für soziale und wirtschaftliche Reformen ist während der Zeit einer Jupiter/Neptun-Konjunktion oft nicht zu trauen.» Wenn man sich vor Augen hält, was im Jahr 2009 anlässlich der aktuellen Jupiter/Neptun-Konjunktion zur Bewältigung der weltweiten Finanz- und Wirtschaftskrise alles an Anstrengungen und Reformen unternommen wurde, liefert Rupertis Aussage nicht gerade ermutigende Aussichten auf die weitere Zukunft. Nicht zu leugnen ist jedenfalls die Tatsache, dass die Krise sowohl durch unrealistische Gewinn- und Renditeerwartungen als auch die gleichzeitige Tarnung von Fehlspekulationen verschärft wurde, beides Entsprechungen zu Jupiter/Neptun.

Kosmisches Wunschkonzert

Der inflationäre Charakter des Jupiter/Neptun-Zyklus kann auch zu einer realen Inflation und Geldentwertung führen. Der Grundstein dazu wird ebenfalls meist zur Konjunktionsphase des Zyklus gelegt. Vor diesem Hintergrund muss es bedenklich stimmen, wenn wie im Jahr 2009 riesige Geldmengen in den Markt gepumpt und gigantische Schulden aufgehäuft werden. Die enthemmende Kraft von Jupiter/Neptun entfaltet sich meist in den Trigonphasen des Zyklus, während es in den Spannungsphasen (Quadrat und Opposition) eher zum Platzen illusionärer Wunschvorstellungen kommt. Einen besonderen Abschnitt des aktuellen Jupiter/Neptun-Zyklus stellt das große Wasserzeichen-Trigon von Jupiter in Krebs, Saturn in Skorpion und Neptun in Fische dar, das im Sommer 2013 zustande kommt. In dieser Zeit dürfte die Verwirklichung von Träumen und Visionen kaum Probleme bereiten – man könnte sogar von einem kosmischen Wunschkonzert sprechen.

Der Jupiter/Neptun-Zyklus im persönlichen Erleben

Die Suche nach dem Lebenssinn

Auf einer persönlichen Ebene spricht nichts dagegen, beginnend mit der Jupiter/Neptun-Konjunktion in Wassermann im Jahr 2009 sein Glück woanders zu suchen. Es locken neue, bislang unbekannte Horizonte, und der eigenen Sehnsucht scheinen zunächst in keinerlei Hinsicht Grenzen gesetzt. Es öffnen sich Pforten zu Orten, an denen die Freiheit grenzenlos scheint. Es gilt jedoch darauf zu achten, keine Luftschlösser zu bauen, in denen man sich weder seelisch noch spirituell beheimaten kann. Es ist wichtiger denn je, bei der Suche nach dem großen Lebenssinn den richtigen Lehrern und Meistern zu vertrauen und sich nicht von Scharlatanen und falschen Heilsbringern in die Irre leiten zu lassen.

Der Sprung ins Ungewisse

Es erscheint vielversprechend, den Sprung ins Ungewisse und Unbekannte zu wagen. Man sollte sich allerdings sicher sein, dass auf das innere Navigationssystem Verlass ist, um zum eigenen Seelenheil zu finden. Vielleicht ist es klüger, auf spirituelle Netzwerke zu vertrauen, damit die Suche nach höheren Erkenntnissen nicht im Chaos und in Verwirrung endet.

Womit man sich allerdings während des Jupiter/Neptun-Zyklus am meisten schwächen kann, ist fehlendes Vertrauen und mangelnde Zuversicht. Zudem birgt die Konstellation die Gefahr allzu großer Idealisierungen und leichtsinniger Übertreibungen in sich. Es wird nicht einfach sein, die großen Enttäuschungen zu verkraften, die aus den übertriebenen Wünschen und Erwartungen der Jupiter/Neptun-Konjunktion von 2009 resultieren und die sich vor allem in den Quadratphasen des Zyklus in den Jahren 2012 und 2019 bemerkbar machen werden. So manches Luftschloss wird dann zum Einsturz kommen und so mancher Höhenflug ein Ende finden.

Visionen und Ideale

Insgesamt wird durch den Jupiter/Neptun-Zyklus die Fantasie beflügelt und das Einfühlungsvermögen gesteigert. Es ist daher wichtig, Visionen und Ideale zu entwickeln, für die man sich auch aufopfern kann. Gelingt dies nicht, dann fällt unter Jupiter/Neptun-Konstellationen der Griff nach der rosa Brille nicht schwer. Auch Suchtmittel sind dann schnell zur Hand, um das Bedürfnis nach rauschhafter Transzendenz zumindest phasenweise zu befriedigen – und sei es nur durch billige Simulation.

Hoffnung auf Wunder

Eine Kunst im Umgang mit Jupiter/Neptun-Konstellationen besteht darin, sich im richtigen Moment treiben zu lassen und darauf zu hoffen, dass das Glück von alleine kommt. Im Innehalten und genießen des schönen Augenblicks liegt die eigentliche Glücksseligkeit von Jupiter/Neptun verborgen. Solche Momente sind in den Sextil- und Trigonphasen des Zyklus zwar einfacher zu finden, aber auch ebenso leicht zu verpassen, weil ihr flüchtiger Zauber kaum wahrgenommen wird.

Das Paradies, nach dem man sich unter Jupiter/Neptun-Konstellationen insgeheim sehnt, mag zwar nicht auf Erden zu finden sein, dennoch kann die Suche danach so manches in Bewegung bringen, was am Ende sogar die kühnsten Träume noch übertrifft. Hauptsache ist, dass man nicht auf Wunder vertraut, die keine sind.

Fragen zur Erforschung der persönlichen Resonanz zu den Themen des Jupiter/Neptun-Zyklus:

Konjunktionsphase (2009):

- Wo könnte es sich für Sie lohnen, den Sprung ins Unbekannte zu wagen?
- In welchen Lebensbereichen sollten Sie Ihr Glück fortan woanders suchen?
- Wo hegen Sie hohe Erwartungen an die Zukunft?
- Wo versuchen Sie materielles Glück mit spirituellem Glück gleichzusetzen?
- Was müssen Sie ändern, um einen großen Schritt nach vorne zu kommen?
- Wo verspüren Sie eine große Sehnsucht nach Veränderung?
- Von welchen Erfolgen träumen Sie insgeheim?
- Was wären die richtigen Impulse, damit Sie spirituell wachsen und sich weiterentwickeln können?
- Welche Träume beflügeln Sie?
- Wo ist Ihr Mitgefühl gefragt, um anderen Menschen zu helfen?

Quadratphase (2012 und 2019):

- Was verführt Sie dazu, sich übertriebene Hoffnungen zu machen?
- Welche Glücksversprechen führen Sie in die Irre?
- Wo suchen Sie Ihr Heil vergeblich, weil Sie den falschen Göttern dienen?
- Wo sind Ihre Erwartungen enttäuscht worden?
- Wo haben Sie Ihre Möglichkeiten überschätzt?

Sextilphase (2011und 2020) bzw.
Trigonphase (2013 und 2017 bis 2018):

- Wodurch können Sie sich in spiritueller Hinsicht weiterentwickeln?
- Welche Träume und Ideale können Sie mit anderen teilen?
- Was könnte Ihr geistiges Wachstum beflügeln?
- Wo können Sie auf große Fortschritte hoffen?
- Mit welchem Glauben vermögen Sie Berge zu versetzen?
- Wo erhalten Sie Unterstützung auf Ihrem spirituellen Weg?
- Wem können Sie bei Ihren Erfolgen vertrauen?

Oppositionsphase (2015):

- In welchen Bereichen sind Ihre Wünsche eine Nummer zu groß?
- Wo erweist sich Ihr Traum vom Glück als Illusion?
- Welche Erfolge stellen sich zunehmend als trügerisch heraus?
- Wo haben Sie vergeblich auf ein Wunder gehofft?
- Wo haben Sie mehr erreicht als Sie je zu träumen wagten?
- Wovon haben Sie sich zu viel versprochen?
- Welche Ihrer Hoffnungen und Wünsche sind in Erfüllung gegangen?

Der Chiron/Neptun-Zyklus (2009 – 2094)

Mit der Konjunktion von Chiron und Neptun im Jahr 2010 auf 26° Wassermann geht ein Zyklus zu Ende, der im Jahr 1945 mit der Konjunktion beider Planeten im Zeichen Waage begonnen hat. Gleichzeitig beginnt ein neuer Chiron/Neptun-Zyklus, der bis zur nächsten Konjunktion im Jahr 2094 im Zeichen Jungfrau dauert.

Die mundanen Entsprechungen des Chiron/Neptun-Zyklus

Heilung und Ganzwerdung

Die Chiron/Neptun-Konjunktion rückt eines der ganz großen und facettenreichsten Themen des 21. Jahrhunderts verstärkt in den Blickpunkt der Aufmerksamkeit. Im weitesten Sinne geht es dabei um Heilung und Ganzwerdung. Netzwerke spielen in diesem Prozess eine zentrale Rolle, denn es gilt, Isolation und Ausgrenzung zu überwinden, tragfähige Bündnisse zu schließen und das Vertrauen in die heilende Kraft der Kooperation und Zusammenarbeit mit anderen zu stärken. Damit Heilung möglich wird, braucht es die Hingabe an große Visionen, die von der Kraft umfassender und übergeordneter Einsichten getragen sind. Spirituell ausgerichteten Vorbildern sowie Lehrer- und Heilerpersönlichkeiten kommt dabei eine wichtige Rolle zu. Auch die heilende und integrierende Kraft von Ritualen wird sich als zunehmend bedeutsam erweisen.

Solidarität versus Ausgrenzung

Ein Blick auf die letzte Chiron/Neptun-Konjunktion des Jahres 1945 zeigt, dass sich große Weltkrisen nur durch die Solidarität zwischen den Völkern meistern lassen. Die Schattenseite dieser Konstellation sind jedoch Ausgrenzung und Vertreibung. Etliche Millionen Menschen haben damals ihre Heimat verloren, weil sie fliehen mussten oder vertrieben worden sind.

Im politischen Bereich berührt der Chiron/Neptun-Zyklus daher erneut die Flüchtlings- und Vertriebenenproblematik und die damit in Zusammenhang stehende Einwanderungspolitik der Industrienationen. Mehr denn je sind in diesem Bereich globales Denken und vernetztes Handeln gefragt. Während der Chiron/Neptun-Konjunktionsphase, die sich bei einem großzügigen Orbis von 2009 bis 2015 erstreckt, sind verstärkte Anstrengungen erforderlich, um Länder und Kontinente übergreifende Lösungen zur Integration von Flüchtlingen zu schaffen, die langfristig Bestand haben werden.

Die Rettung der Erde

Ein weiterer Aspekt von Chiron/Neptun ist Ökologie und Umweltschutz. Es mag pathetisch klingen, doch es geht dabei tatsächlich um die Rettung unseres Planeten bzw. das Überleben der Menschheit. Der neue Chiron/Neptun-Zyklus bietet große Chancen, auf einer globalen Ebene wichtige Schritte zur Heilung der Erde in Gang zu setzen.

Auch das Thema Sterbehilfe steht mit dem Chiron/Neptun-Zyklus in Verbindung. In den Überlieferungen der griechischen Mythologie wird Chiron durch einen Pfeil des Herakles versehentlich tödlich verwundet. Da er unsterblich ist, leidet er fortan große Qualen, von denen er erst dann erlöst wird, als er mit Prometheus tauscht und an dessen Stelle stirbt.

Der Chiron/Neptun-Zyklus im persönlichen Erleben

Auf einer persönlichen Ebene weist der Beginn des neuen Chiron/Neptun-Zyklus auf die Notwendigkeit, sich die richtigen Lehrer und spirituellen Meister für den persönlichen Heilungsweg zu suchen. Es besteht die Möglichkeit, seelisch und geistig Anschluss an Gleichgesinnte zu finden und dadurch den Schmerz des Getrenntseins zu überwinden. Chiron in Wassermann steht für die Wunde der Nichtzugehörigkeit, für das Leid einer Außenseiter- und Einzelgängerexistenz. Die dreifache Konjunktion von Chiron, Neptun und Jupiter im Jahr 2009 bietet viele Chancen, diesen Schmerz durch die Hingabe an höhere Ziele und Ideale zu heilen.

Auch auf einer persönlichen Ebene ist mit der Vereinigung von Chiron und Neptun solidarisches Verhalten gefragt. Wo auch immer Hilfe nötig ist, sollte sie ohne langes Zögern geleistet werden. Mehr denn je gilt es zu erkennen, wie stark jeder Einzelne nicht nur in Zeiten der Not auf die Unterstützung und Solidarität anderer angewiesen ist.

Fragen zur Erforschung der persönlichen Resonanz zu den Themen von Chiron in Wassermann:

- Wo sind Sie ein Einzelgänger, der Anschluss an Gleichgesinnte braucht?
- Von welchen Freunden fühlen Sie sich verraten und im Stich gelassen?
- Wo haben Sie in letzter Zeit heilsame Gruppenerfahrungen gemacht?
- Wo glauben Sie nach wie vor daran, unsterblich zu sein?
- Mit welchen Heilverfahren haben Sie gute Erfolge erzielt?
- Wo hegen Sie überzogene Heilserwartungen?

Fragen zur Erforschung der persönlichen Resonanz zu den Themen von Neptun in Wassermann:

- Welche Sehnsucht verbindet Sie mit anderen?
- Wo ist Ihr Mitgefühl gefragt, um Ihre innere Distanz zu überwinden?
- Wo sind die Gleichgesinnten, mit denen Sie Ihre Träume teilen können?
- Wo neigen Sie dazu, den Fortschritt zu idealisieren?
- Was ist Ihr Traum von Brüderlichkeit und Teamgeist?
- Mit welchen Ideologien und fixen Vorstellungen halten Sie Ihre Seele gefangen?
- Wo erweisen sich Ihre Ideale von Freiheit und Gleichheit als Illusion?
- Mit welchen Tricks täuschen Sie Gemeinsinn vor?

Fragen zur Erforschung der persönlichen Resonanz zu den Themen des Chiron/Neptun-Zyklus:

Konjunktionsphase (2009 und 2010):

- Haben Sie schon einen spirituellen Lehrer für sich gefunden?
- Unter welcher unerfüllten Sehnsucht leiden Sie besonders?
- Aus welchen Gründen geraten Sie in Versuchung, Ihre Schwächen und Handicaps zu tarnen?
- Wo sehnen Sie sich nach Unsterblichkeit?
- Inwieweit sind Sie offen für spirituell orientierte Heilungswege?

Die dreifache Jupiter/Chiron/Neptun-Konjunktion des Jahres 2009

Im Laufe des Jahres 2009 bildete sich im Gradbereich von 26° bis 28° Wassermann insgesamt dreimal ein Stellium von Jupiter, Chiron und Neptun. Ein solches Stellium kam zuletzt im Laufe des Jahres 1945 im Zeichen Waage zustande.

Die mundanen Entsprechungen der Jupiter/Chiron/Neptun-Konjunktion

Hoffnung auf Besserung und Heilung

Jupiter/Chiron/Neptun-Konstellationen stehen für die aus unermesslichem Leid geborene Hoffnung auf Besserung und Heilung. Als die drei Planeten 1945 ein Stellium in Waage bildeten, kam es u.a. zur Gründung der Vereinten Nationen, aber auch zum Abwurf der Atombomben auf Hiroshima und Nagasaki. Auf das Elend und Grauen zweier Weltkriege folgte die Hoffnung auf eine bessere und gerechtere Welt. Diese Hoffnung hat sich bislang nur sehr bedingt erfüllt. Ein weiterer großer Krieg ist der Welt seither zwar erspart geblieben, doch bis zwischen allen Völkern Frieden, Fairness und Gerechtigkeit herrschen, ist noch ein weiter Weg zurückzulegen.

Visionäre Maßnahmen

Mit dem erneuten Zusammentreffen von Jupiter, Chiron und Neptun im Jahr 2009 in Wassermann ist die Chance verbunden, dem Versprechen der Vereinten Nationen und der Charta

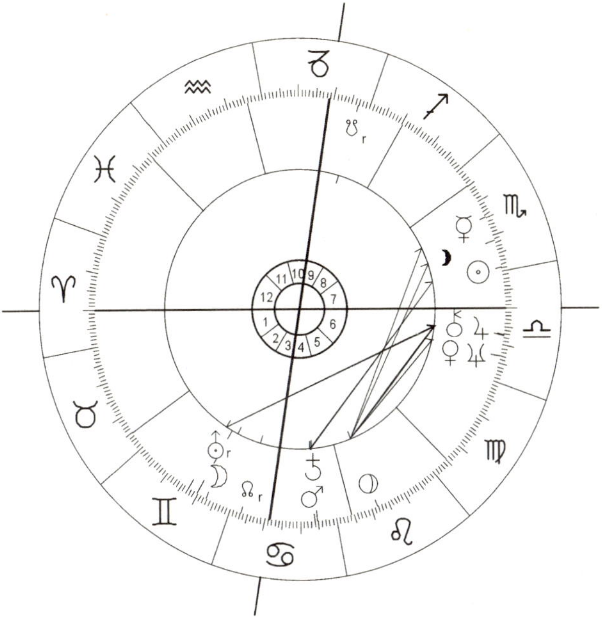

Abb. 3: Ratifizierung der Charta der Vereinten Nationen am 24.10.1945 um 16:45 EST, Washington, DC/USA, 77W01, 38N54

der Menschenrechte frischen Schwung zu geben und neuen wassermännischen Geist einzuhauchen. Zugleich steht diese Konstellation für die Notwendigkeit, angesichts der sich anbahnenden weltweiten Klimakatastrophe visionäre und nahezu hellsichtige Maßnahmen zur Rettung und Heilung der Erde mit aller Nachdrücklichkeit zu verfolgen bzw. neu einzuleiten. Es stellt somit keine wirkliche Überraschung dar, dass unter dieser Konstellation mit Barack Obama eine charismatische Retter- und Erlöserfigur die Weltbühne betreten hat, der auch diese Themen ein zentrales Anliegen sind.

Die Jupiter/Chiron/Neptun-Konjunktion im persönlichen Erleben

Auf einer persönlichen Ebene bietet die Jupiter/Chiron/Neptun-Konjunktion in Wassermann eine einmalige Gelegenheit, bei der Verfolgung visionäre Ziele und Ideale die Kooperation und Zusammenarbeit mit Gleichgesinnten zu suchen. Mit dieser Konstellation bestehen beste Aussichten für spirituelle Heilungsprozesse und die erfolgreiche Bewältigung tiefer, traumatischer Verletzungen. Dazu bedarf es der Fähigkeit, Fehlverhalten und Versagen der Vergangenheit zu verzeihen und sich aus Sündenbockprojektionen zu lösen.

Fragen zur Erforschung der persönlichen Resonanz zu den Themen der Jupiter/Chiron/Neptun-Konjunktion:

- Wo sehnen Sie sich nach einer Art Wunderheilung?
- In welchen Bereichen wünschen Sie sich, von Ihrem Schmerz erlöst zu werden?
- Wo bestehen gute Aussichten, Anschluss an Gleichgesinnte zu finden?
- Was ist der Pferdefuß an Ihrem Traum vom großen Glück?
- Auf welche spirituellen Heilungswegen können Sie vertrauen?
- Wie können Sie körperliches und seelisches Heil miteinander in Einklang bringen?
- Wie können Sie durch Hingabe und Vertrauen Heilung und Ganzwerdung erleben?
- Wo sollten Sie den Gemeinsinn über den Eigensinn stellen, um Ihre innere Isolation zu überwinden?
- Wo brauchen Sie eine ganzheitliche Perspektive, um Ihren persönlichen Schmerz zu lindern oder gar zu heilen?
- Wie können Sie den Traum von der Unsterblichkeit für Ihre spirituelle Entwicklung nutzen?

Umkehr und Katharsis

Das Uranus/Pluto-Quadrat (2012 – 2015)

Der Uranus/Pluto-Zyklus begann mit der dreifachen Konjunktion beider Planeten in den Jahren 1965/1966. Die Quadratphase des Zyklus erstreckt sich vom Juni 2012 bis März 2015. Innerhalb dieses Zeitraums bilden die beiden Planeten insgesamt sieben Quadrate im Gradbereich von 8° bis 15° der Zeichen Widder und Steinbock. Höhepunkt des Zyklus ist die Opposition beider Planeten in den Jahren 2046 – 2048. Der Zyklus endet mit der nächsten Konjunktion im Jahr 2104.

Die mundanen Entsprechungen des Uranus/Pluto-Zyklus

Der Uranus/Pluto-Zyklus symbolisiert die Freisetzung machtvoller Transformations- und Mutationsprozesse. Dabei wird das Unterste nach oben gekehrt, weil das Unterdrückte nach Befreiung drängt. Diese Konstellation setzt wahrhaft Himmel und Hölle in Bewegung, denn Pluto/Hades, der Gott der Unterwelt, trifft auf Ouranos, den Herrscher des Himmels. Eine Begegnung, die radikale Quantensprünge ermöglicht, aber auch rasante Umwälzungen mit teilweise zerstörerischen Konsequenzen auszulösen vermag.

Der Zwang zur Veränderung

Unter Uranus/Pluto-Spannungen ist der Zwang, auszubrechen und etwas zu verändern, stark ausgeprägt. Veränderungen werden notfalls auch mit Gewalt erzwungen. Die Rebellion derer, die ohnmächtig sind oder sich unterdrückt fühlen, erfolgt meist chaotisch, und die akkumulierte Wut äußert sich zumeist eruptiv, ähnlich wie bei einem Vulkanausbruch. Die meist plötzliche Entladung eines über lange Zeiträume aufgestauten Drucks kann daher destruktive Formen annehmen.

Unter Uranus/Pluto-Spannungen kommt das Potenzial derer zum Zuge, die bislang vom Zugang zur Macht und den damit verbundenen gesellschaftlichen Einflussmöglichkeiten ausgeschlossen waren. Innerhalb kürzester Zeit gelangen über lange Zeiträume ausgegrenzte, unterdrückte und diskriminierte Schichten und Gruppierungen zu Macht und Einfluss, wodurch viel Neues geschaffen werden kann. Gelingt die gesellschaftliche Integration der von diesen Gruppierungen verkörperten und bislang abgespaltenen Schattenanteile, wird ein enormes Mutationspotenzial frei, durch das einiges in Bewegung gesetzt und verändert werden kann.

Historische Bezüge

Auch aus historischer Perspektive sind Uranus/Pluto-Spannungen mit großen Umwälzungen und zum Teil gewalttätigen Unruhen verbunden:

Beim letzten Uranus/Pluto-Quadrat im Zeitraum von 1932 bis 1934 kam es zur Machtergreifung durch die Nationalsozialisten. Damals befand sich Uranus ebenfalls im Zeichen Widder. Pluto wanderte zu dieser Zeit durch Krebs, das Zeichen, das seiner jetzigen Position in Steinbock gegenüberliegt. Im Zuge der Ausbreitung des Faschismus kam eine völlig neue Schicht zu politischer Macht und Einfluss. Der mit Plutothemen oftmals verbundene Hass entzündete sich damals an Krebsthemen wie

Volk, Rasse sowie Heimat und Vaterland und richtete sich vor allem gegen das Volk der Juden. Das Resultat waren Flucht, Vertreibung und Mord im bislang ungeahnten Ausmaß.

Kampf und Gleichberechtigung

Doch es gibt auch andere Beispiele: Zur Uranus/Pluto-Konjunktion Mitte der Sechzigerjahre erreichte die Befreiungsbewegung der Schwarzen in den USA ihren Höhepunkt. Die einst unterdrückten Sklaven erkämpften sich wichtige Rechte auf ihrem langen Weg zu gesellschaftlicher Gleichberechtigung. Man darf gespannt sein, inwieweit bzw. wodurch die Macht und der Einfluss der Schwarzen beim sich anbahnenden Uranus/Pluto-Quadrat seinen Niederschlag finden wird.

Aus mundanstrologischer Perspektive könnte sich in den Jahren 2010 – 2015 der Funke der Rebellion an Institutionen, Einrichtungen und Strukturen entzünden, die dem Steinbockprinzip zuzuordnen sind. Auch Regierungen, Gesetzesvertreter und Verantwortungsträger können davon betroffen sein, insbesondere, wenn sie unter der zurückliegenden Pluto-in-Schütze-Periode ihre Glaubwürdigkeit durch Gier und anderes moralisches Fehlverhalten leichtfertig verspielt haben.

Die Generation X

Die Generation der Mitte der Sechzigerjahre des 20. Jahrhunderts Geborenen dürfte während des Uranus/Pluto-Quadrats das starke Empfinden haben, dass endlich ihre Zeit gekommen ist. Diese unter einer Uranus/Pluto-Konjunktion angetretene Generation konnte im Laufe ihres bisherigen Lebens umfassende Erfahrungen im Umgang mit dieser Konstellation sammeln und ist daher bestens auf die großen Umwälzungen der bereits mit dem Großen Kreuz des Jahres 2010 einsetzenden Quadratphase von Uranus und Pluto eingestimmt. Die Bewältigung von extremen Spannungszuständen ist dieser Generation inzwischen so vertraut, dass sie dazu in der Lage sein dürfte, quantensprungartige Lösungen im Umgang mit den dann angezeigten Krisen zu finden.

Die Macht und Ohnmacht der Astrologie

Auch für die Zukunft der Astrologie dürfte das Uranus/Pluto-Quadrat weitreichende Konsequenzen haben. Die Astrologenschaft wird in dieser Phase ihr Verhältnis zur Macht und zur Gesellschaft neu definieren müssen. Die massenhafte Verbreitung der Trivialastrologie könnte sich in dieser Phase möglicherweise als Stolperstein erweisen und es auch den professionellen Astrologen schwer machen, die entsprechenden gesellschaftlichen Rahmenbedingungen für eine verantwortungsbewusste Ausübung des Astrologenberufs zu verbessern. Denkbar ist allerdings auch, dass der professionellen Astrologie ein überraschender gesellschaftlicher Durchbruch gelingt und eine gut ausgebildete astrologische Elite dadurch mehr Macht und Einfluss erhält. Unter Uranus/Pluto können auch ungewöhnliche und neue astrologische Methoden aufkommen oder Außenseiter und Randgruppen den Sprung in die etablierte Astro-Community schaffen. Möglicherweise gelingt es der Astrologie auch stärker als bislang, anderen wissenschaftlichen Disziplinen mit ihrem Wissen neue Anstöße zu geben und sich selbst durch deren Erkenntnisse bereichern zu lassen.

Neue Therapieformen

Das Uranus/Pluto-Quadrat wird auch im Bereich der Psychologie und Psychotherapie zu Veränderungen und Neuerungen führen. Kurzzeittherapien und therapeutische Verfahren, die schnelle Erfolge versprechen, werden an Macht und Einfluss gewinnen. Neue und unkonventionelle Verfahren könnten einen Durchbruch schaffen. Auch die Rolle der Therapeuten wird in dieser Phase neu definiert werden. Immer mehr Menschen werden in akute Krisen geraten, die effektive Sofortmaßnahmen erforderlich machen.

Der Uranus/Pluto-Zyklus im persönlichen Erleben

Auf einer persönlichen Ebene geht es beim Uranus/Pluto-Zyklus um die Befreiung aus fremdbestimmten Zwängen und Verstrickungen. Es gilt, alte Vorstellungen hinter sich zu lassen und sich aus Verhaftungen zu lösen, die nahezu zwanghaften Charakter haben.

Befreiung aus falschen Bindungen und Vorstellungen

Insbesondere in der kritischen Uranus/Pluto-Phase der Jahre 2012 bis 2015 herrscht ein großer Druck, die Bindungen an das Falsche, an das nicht mehr Stimmige und Fremde bzw. fremd Gewordene zu durchbrechen und zu lösen. In dieser Phase ist es notwendiger denn je, innere Zwänge und Fixierungen zu überwinden und sich aus Abhängigkeiten zu befreien, die sich im Laufe der Zeit als destruktiv und selbst zerstörerisch erwiesen haben.

Besonders davon betroffen sind all diejenigen mit Horoskopkonstellationen zwischen 8° und 15° der Kardinalzeichen Widder, Krebs, Waage und Steinbock. Angesprochen sind Fragen nach der Durchsetzung eigener Wünsche und Vorstellungen, nach emotionaler Zugehörigkeit, nach der Stimmigkeit von Beziehungen und nach Ordnungen und Verantwortlichkeiten im individuellen Lebenslauf.

Auf der Flucht

In den Spannungsphasen des Uranus/Pluto-Zyklus kann man sich auch durch politische und gesellschaftliche Veränderungen und Umwälzungen dazu genötigt sehen, sein bisheriges Leben zu ändern. Auch Flucht und Vertreibung können in diesem Zusammenhang eine wichtige Rolle spielen. Der vermeintliche Weg in die Freiheit kann unter Uranus/Pluto genauso schnell ins Verderben führen. Wer krampfhaft auf Vorstellungen beharrt, die nicht in zum herrschenden Zeitgeist passen, der muss notfalls dazu bereit sein, die Flucht zu ergreifen oder rechtzeitig abzutauchen. Dies klingt dramatisch, kann sich aber sowohl im größeren als auch im kleineren Rahmen durchaus so abspielen.

Angst vor der Freiheit

In der Quadratphase des Uranus/Pluto-Zyklus wird auch im persönlichen Erleben das Unterste nach oben gekehrt. In therapeutischer Hinsicht kann dies eine radikale und befreiende Wirkung haben, aber auch große Ängste auslösen. Man muss sich seinen verdrängten Schattenanteilen stellen, sonst besteht die Gefahr, dass man unter Uranus/Pluto-Konstellationen anfängt, verrückt zu spielen oder gar gänzlich durchzudrehen. Wer dem Potenzial von Uranus/Pluto nicht gewachsen ist, der kann leicht paranoide Verfolgungszustände erleben.

Fragen zur Erforschung der persönlichen Resonanz zu den Themen des Uranus/Pluto-Zyklus:

Quadratphase (2012 bis 2015):

- Wo müssen Sie Ihr Leben radikal ändern, um Schlimmeres zu verhindern?
- In welchen Bereichen wird bei Ihnen das Unterste nach oben gekehrt?
- Aus welchen Zwängen müssen Sie sich befreien, um Ihr Überleben zu sichern?
- Aufgrund welcher Vorstellungen halten Sie weiterhin am Falschen fest?
- Wo scheuen Sie das Risiko aus Angst, die Kontrolle zu verlieren?
- Worauf sind Sie zwanghaft fixiert, obwohl Sie sich gerne freier fühlen würden?
- Wo haben Sie sich an Menschen und Dinge gebunden, die nicht zu Ihnen passen?
- Aus welchen Verstrickungen müssen Sie sich lösen, um eine Zukunft zu haben?
- Gegen welche Mächte, die Ihr Leben bestimmen, sollten Sie sich auflehnen?
- Wo müssen Sie endlich ehrlich zu sich und anderen sein, um wirklich unabhängig zu werden?
- Welche Abweichungen von der Norm könnten Sie Kopf und Kragen kosten?
- Wo laufen Sie Gefahr, unverhofft vom Himmel in die Hölle geraten?

Der Jupiter/Pluto-Zyklus (2007 – 2020)

Der aktuelle Jupiter/Pluto-Zyklus begann mit der Konjunktion beider Planeten am 11. Dezember 2007 am Ende des Schütze-Zeichens. Er endet mit einer dreifachen Konjunktion im Jahr 2020 auf 25° Steinbock. Höhepunkt des Zyklus ist die dreifache Opposition vom August 2013 bis April 2014 zwischen 9° und 13° Krebs/Steinbock. Die kritischen Phasen des Zyklus sind die drei Quadrate von Juli 2010 bis Februar 2011 auf 3° bis 7° Widder/Steinbock sowie von November 2016 bis August 2017 zwischen 17° bis 19° Waage/Steinbock. Sowohl die Oppositions- als auch die letztgenannte Quadratphase des aktuellen Jupiter/Pluto-Zyklus sind eingebunden in mehrfache T-Quadrat-Konstellationen mit Uranus. Dem Frühjahr 2014 und dem Jahreswechsel von 2016 auf 2017 kommt daher eine besondere Bedeutung zu.

Die mundanen Entsprechungen des Jupiter/Pluto-Zyklus

Der Jupiter/Pluto-Zyklus handelt vom Phönix-aus-der-Asche-Prinzip, von der Hoffnung, die aus der Krise und aus Not geboren wird. Er handelt auch vom Glück und dessen Schattenseiten. Die Phasen des Zyklus sind begleitet von Hoffen und von Bangen. Höhen und Tiefen, Glück und Unglück liegen oftmals dicht beieinander.

Die Schattenseiten des Erfolgs

Der aktuelle Jupiter/Pluto-Zyklus wirft vor allem im politischen und wirtschaftlichen Bereich viele moralisch gefärbte Fragen auf. Es ist kein Zufall, dass die Skandale um Steuerhinterziehung, Datenschutzskandale und Korruption im großen Stil zeitlich mit dem Beginn des Zyklus zusammengefallen sind. Nun zeigen sich die Schattenseiten des Erfolgs, und es bestehen zunehmend Zweifel daran, inwieweit diejenigen, die Verantwortung tragen, über die dafür notwendige moralische Integrität und Glaubwürdigkeit verfügen. Machthaber und Führungspersönlichkeiten, denen in dieser Hinsicht nicht zu trauen ist, werden es in Zukunft schwer haben, sich in ihren Ämtern und Positionen zu behaupten. Insbesondere in den Krisenphasen des Zyklus Anfang 2014 und Anfang 2017 kommt es darauf an, dass es im politischen und wirtschaftlichen Bereich verantwortungsbewusste Persönlichkeiten gibt, die in glaubwürdiger Weise Hoffnung und Zuversicht verkörpern und zugleich dazu in der Lage sind, eigene Überzeugungen kritisch zu hinterfragen und keine falschen Heilslehren zu propagieren.

Falsche Propheten

Jupiter/Pluto steht jedoch nicht nur für die Gier nach Reichtum und Erfolg, sondern auch für den großen Wurf bei der Suche nach neuen, sinnvollen und überzeugenden Perspektiven. Zwar werden auch im kommenden Jahrzehnt etliche falsche Propheten darum bemüht sein, die Massen mit ihren Heilsversprechen zu verführen und in ihrem Sinne zu manipulieren, doch wie stets bei Jupiter/Pluto-Themen hat das vermeintlich Schlimme auch seine guten Seiten. So gilt es bis zur Oppositionsphase des Zyklus in den Jahren 2013 und 2014 glaubwürdige Konzepte zu entwickeln, worin und womit die Massen auch in Zukunft ihr Glück finden können. Mit den bislang gängigen Konsumversprechungen wird diese Frage nicht zu lösen sein. Jupiter/

Pluto steht für einen maximalen Glücksanspruch, der auch ins Verderben und den Untergang führen kann, wenn er sich nicht auf sinnvolle Ziele richtet, die dem Wohle aller dienen.

Der Jupiter/Pluto-Zyklus im persönlichen Erleben

Die Kraft einer positiven Lebenseinstellung

Auf einer persönlichen Ebene stehen Jupiter/Pluto-Themen für die Kraft einer positiven Lebenseinstellung. Es geht vor allem darum, Gewissheiten zu finden, die auch in schweren Stunden Trost und Zuversicht spenden. Meist können in den markanten Phasen des Jupiter/Pluto-Zyklus wichtige und wirkungsmächtige Erfolge und Höhepunkte gefeiert werden. Zugleich besteht jedoch auch die Versuchung, das Glück mit Gewalt zu erzwingen und der Welt die eigene Vorstellung vom Wahren, Guten und Edlen überzustülpen.

Vorteilhafte Symbiosen

Jupiter/Pluto-Konstellationen verführen dazu, in der Hoffnung auf große Gewinne und Erfolge alles auf eine Karte zu setzen und dadurch das eigene Wohlergehen zu riskieren. Der aktuelle Zyklus verbindet dabei die Frage nach den persönlichen Überzeugungen und Zielen mit den Themen Disziplin und Verantwortung. Wer keine Ziele hat, für den stimmt jede Richtung, und so kann beim Jupiter/Pluto-Zyklus der Weg schnell in den Abgrund führen, insbesondere in den Spannungsphasen der Jahre 2014 und 2017, die zu maßlos überzogenen Heils- und Glückserwartungen verführen. Doch es sind gerade in diesen Krisenphasen auch glückliche Wendungen möglich. Dabei wird von entscheidender Bedeutung sein, inwieweit bei der Suche nach dem Glück die richtigen Bindungen eingegangen wurden, denn Jupiter/Pluto steht auch für die Vorteile, die aus Symbiosen resultieren und somit für das, was es möglicherweise an Gutem zu erben gibt.

Gewonnenes und zerronnenes Glück

Im Laufe des Jupiter/Pluto-Zyklus wird zunehmend deutlich, welches Leid tatsächlich Sinn ergibt und welches nicht, und man erkennt, worunter man lediglich aus zwanghaften und neurotischen Gründen leidet. Manche Erkenntnisse und Einsichten sind ohne einen gewissen Schmerz nicht zu haben, und es gibt Situationen, in denen man tatsächlich durch die Hölle gehen muss, damit man den Himmel wieder zu schätzen weiß. Doch nicht jedes Glück muss mit Leid und Schmerz erkauft werden. Jupiter/Pluto steht für das wahre Glück, das aus einer inneren Tiefe heraus entsteht – irgendwann jedoch auch wieder vergeht. Gewonnenes Glück auch wieder zerrinnen zu lassen, ist daher die eigentliche Kunst, die es im Laufe des Jupiter/Pluto-Zyklus zu erlernen gilt.

Fragen zur Erforschung der persönlichen Resonanz zu den Themen des Jupiter/Pluto-Zyklus:

Konjunktionsphase (2007):

- Wie groß ist Ihre innere Gewissheit, ein sinnvolles Leben zu führen?
- Woraus schöpfen Sie in Krisenzeiten Hoffnung und Zuversicht?
- Wovon sind Sie so stark begeistert, dass Sie damit auch andere anstecken und überzeugen können?
- Wo ist es an der Zeit, dass Sie Ihren Horizont erweitern und über sich selbst hinauswachsen?
- Wo werden Sie vom Glück überrollt?

Quadratphase (2010 bis 2011 und Ende 2016 bis 2017):

- In welchen Bereichen glauben Sie Ihr Glück erzwingen zu müssen?
- Was müssen Sie ändern, damit Ihre Hoffnungen nicht Gefahr laufen, zerstört zu werden?
- Wo ringen Sie am meisten mit Gut und Böse?
- Wo hatten Sie in letzter Zeit Glück im Unglück?
- In welchen Bereichen erleben Sie des Guten zu viel?
- Wo sollten Sie besser Ihre Erwartungen zügeln und sich mäßigen?

Sextilphase (2010 und 2018) bzw.
Trigonphase (2011 bis 2012 und 2015 bis 2016):

- Wo winken Ihnen Reichtum und Erfolg?
- Womit können Sie gewaltige Fortschritte erzielen?
- Wo können Sie zu mehr Macht und Einfluss gelangen?
- Was meinen Sie unbedingt erreichen zu müssen?
- Wo ist das wahre Glück verborgen?

Oppositionsphase (2013 bis 2014):

- Wo muss es Ihnen schlecht ergehen, ehe Sie das Gute sehen?
- Wo wird Ihnen das Glück von außen aufgezwungen?
- Womit haben Sie Pech gehabt und Schiffbruch erlitten?
- Wo haben Sie im übertragenen Sinne den «Jackpot» geknackt?
- Wer ist der wahre Feind Ihres Erfolgs?
- Wo haben Sie sich mit Ihrem missionarischen Eifer ins Unglück gestürzt?
- Wem haben Sie mit Ihren Moralvorstellungen Schaden zugefügt?
- Wo erleben Sie tiefes Glück und wahre Freude?
- Welche Ihrer Hoffnungen werden gerade zerstört?

Hoffnung und Erfolg

Der Jupiter/Saturn-Zyklus (2000 – 2020)

Der aktuelle Jupiter/Saturn-Zyklus begann mit der Konjunktion beider Planeten im Mai 2000 im Zeichen Stier. Die Jahre 2007 und 2008 waren geprägt von einer Trigonphase beider Planeten, zunächst in den Feuerzeichen Löwe/Schütze, danach in den Erdzeichen Jungfrau/Steinbock. Der Zyklus erfährt seinen Höhepunkt mit den Oppositionen in den Zeichen Waage/Widder. Der Zyklus endet mit der nächsten Konjunktion im Dezember 2020.

Die mundanen Ensprechungen des Jupiter/Saturn-Zyklus

Sieben fette und sieben magere Jahre

Der Jupiter/Saturn-Zyklus handelt vom Wachstum und dessen Grenzen. Er steht auf der einen Seite für Fortschritt und Erfolg, auf der anderen Seite für Rückschläge und Versagen. In gewisser Weise symbolisiert er die biblische Prophezeiung von den sieben fetten und den sieben mageren Jahren. Was wächst und gedeiht, muss eines Tages auch wieder vergehen und neuen Wachstumsprozessen Platz machen.

Paradigmenwechsel

Der sich alle 20 Jahre ereignende Beginn eines neuen Jupiter/Saturn-Zyklus steht archetypisch für den Wechsel vom alten König zu einem neuen, jungen König. Die alte Ordnung muss durch frische Kräfte erneuert und belebt werden. Anlässlich von Jupiter/Saturn-Konjunktionen kommt es in vielen Bereichen der Gesellschaft zu einem Paradigmenwechsel, und es werden neue Sichtweisen und Weltanschauungen etabliert. In dieser Hinsicht ist die nächste Jupiter/Saturn-Konjunktion Ende 2020 von epochaler Bedeutung, da sie den Beginn einer neuen Weltordnung symbolisiert. Mehr dazu in Kapitel 7.

Die drei Jupiter/Saturn-Oppositionen in den Jahren 2010 und 2011 bilden den Höhepunkt des aktuellen Zyklus. In dieser kritischen Phase kommt es zu einer Konfrontation zwischen den zum Zeitpunkt der Konjunktion im Jahr 2000 gehegten Hoffnungen und Erwartungen und dem bislang Erreichten. Je weniger von den ursprünglichen Erwartungen umgesetzt und verwirklicht werden konnte, je magerer also die Bilanz in Bezug auf mögliche Erfolge ausfällt, desto kritischer werden die zu ziehenden Konsequenzen für die zweite Hälfte des Zyklus sein. Dann heißt es abzuspecken, den Gürtel enger zu schnallen und sich von der Hoffnung auf bessere Zeiten zu verabschieden. Fällt die Bilanz jedoch weitgehend positiv aus, dann kann in der zweiten Hälfte des Zyklus die Ernte in Bezug auf das bislang Geleistete und Erreichte eingefahren werden.

Hoffen und Bangen

Im wirtschaftlichen und politischen Bereich fällt es in den Spannungsphasen des Jupiter/Saturn-Zyklus meist nicht leicht, das richtige Maß zwischen hoffnungsvollen Erwartungen und nüchterner Fakten- und Tatsachenanalyse zu finden. Die Gefahr ist groß, mehr zu versprechen als man halten kann und sich in der Hoffnung auf bessere Zeiten mehr Lasten aufzubürden als man zu tragen vermag. Erfolg haben meist diejenigen, die zwischen Hoffen und Bangen das richtige Gleichgewicht finden und gleichzeitig zu einer realistischen Einschätzung ihrer Möglichkeiten in der Lage sind.

Aussicht auf Erfolg

«Es wird schon gut gehen» ist kein Motto, mit dem man auf politischer und wirtschaftlicher Ebene unbeschadet durch die Spannungsphasen des Jupiter/Saturn-Zyklus kommt. Stattdessen gilt es Fehlentwicklungen rechtzeitig zu erkennen und sie mit Augenmaß zu korrigieren. Jede Form von Übertreibungen, auch was Restriktionen und Einschränkungen anbetrifft, ist zu vermeiden. Bei allen Maßnahmen, die in der Spannungsphase des Jupiter/Saturn-Zyklus ergriffen werden, gilt es mehr als sonst zu prüfen, inwieweit sie tatsächlich Aussicht auf Erfolg haben. Die Gefahr des Scheiterns ist in diesen Phasen größer als sonst, vor allem, weil es oft an realistischen Zielen mangelt und kaum einer weiß, wo es wirklich langgehen soll.

Der Jupiter/Saturn-Zyklus im persönlichen Erleben

Individuum und Gesellschaft

Auf einer persönlichen Ebene tangiert der Jupiter/Saturn-Zyklus das Verhältnis zwischen Individuum und Gesellschaft. Er steht für die Notwendigkeit, sich der eigenen gesellschaftlichen Verantwortung zu stellen und die sozialen, politischen und kulturellen Rahmenbedingungen zu achten, um angestrebte Erfolge verwirklichen zu können. Aus individueller Perspektive geht es dabei um das möglichst optimale Ausschöpfen eigener Talente und vorhandener Ressourcen. Letztendlich hängen Erfolge jedoch davon ab, inwieweit es gelingt, das richtige Maß zu finden und die eigenen Erwartungen in Bezug auf das gesellschaftlich Mögliche realistisch einzuschätzen.

Deutliche Ambivalenzen

Wer sich mehr erhofft als er verwirklichen kann ist in der gleichen misslichen Lage wie derjenige, der am Ende erkennen muss, unter seinen Möglichkeiten geblieben zu sein. Solche Erfahrungen können insbesondere in der Oppositionsphase des Zyklus verstärkt ins Bewusstsein treten. Die Jahre 2010 und 2011 sind daher hinsichtlich möglicher individueller und gesellschaftlicher Erfolge von deutlichen Ambivalenzen geprägt. Manches davon wurde bereits in Kapitel 3 im Zusammenhang mit dem Großen Kreuz des Sommers 2010 angesprochen.

Glaubwürdigkeit und Stetigkeit

Freude und Frust liegen beim Höhepunkt des Jupiter/Saturn-Zyklus dicht beieinander. Ob große Fortschritte zu erzielen sind, hängt u.a. auch davon ab, inwieweit seit dem Beginn des Zyklus im Jahr 2000 ein konsequenter und glaubwürdiger Kurs verfolgt wurde und die damit zusammenhängenden Projekte mit der Tugend der Stetigkeit konsequent und diszipliniert weiterentwickelt worden sind. Sofern die Richtung stimmt und realistische Ziele auf der Agenda stehen, werden sich Ausdauer und Pflichtbewusstsein in den Jahren 2010 und 2011 auf vielen Ebenen auszahlen.

Verdiente Erfolge

In der Quadratphase des Zyklus in den Jahren 2015 und 2016 steht dann eine Konzentration auf das Wesentliche an, um das Erreichte zu sichern und eine letzte Ernte einzufahren, ehe 2020 der neue Zyklus beginnt.

Natürlich bleibt es jedem selbst überlassen, in welchem Maße er gesellschaftliche Verantwortung tragen und ein in dieser Hinsicht bedeutsames Leben führen möchte. Je stärker jedoch das gesellschaftliche Verantwortungsbewusstsein ausgeprägt ist, desto bedeutsamer ist der Jupiter/Saturn-Zyklus für die Entfaltung und Reifung der eigenen Persönlichkeit. Was man sich unter Jupiter/Saturn erarbeitet hat, das steht einem zu. Es ist daher wichtig, seine verdienten Erfolge zu genießen, ohne sich deswegen von anderen Vorwürfe oder Schuldgefühle machen zu lassen.

Fragen zur Erforschung der persönlichen Resonanz zu den Themen des Jupiter/Saturn-Zyklus:

Konjunktionsphase (2000 und 2020):

- In welchen Lebensbereichen steht ein neuer Wachstumszyklus an?
- Womit können Sie sich eine Basis für künftige Erfolge schaffen?
- Auf welche Errungenschaften werden Sie auch in Zukunft bauen können?
- Welche Hoffnungen würden Sie gerne in den nächsten Jahren verwirklicht sehen?
- Wie können Sie Ihren Überzeugungen Geltung verschaffen?
- Auf welche Ziele kommt es Ihnen wirklich an?

Quadratphase (2005 bis 2006 und 2015 bis 2016):

- Wo halten Ihre Erwartungen der Realität nicht stand?
- In welchen Lebensbereichen stehen bei Ihnen Aufwand und Ertrag in einem kritischen Verhältnis zueinander?
- Wo fällt es Ihnen schwer, das richtige Maß zu finden?
- Wo schwanken Sie zwischen Fülle und Mangel hin und her?
- Wie können Sie Ihre Potenziale besser ausschöpfen?
- Wo stoßen Sie mit Ihrem Optimismus an harte Grenzen?

Sextilphase (2003 bis 2004 und 2017) bzw. Trigonphase (2007 bis 2008 und 2013 bis 2014):

- Was wäre ein gutes Projekt, um Ihr Potenzial optimal auszuschöpfen?
- Wo stehen innere und äußere Wachstumsprozesse an?
- Womit können Sie in nächster Zeit gute Fortschritte erzielen?
- Worauf sollten Sie besser verzichten, um mehr vom Leben zu haben?
- Wo müssen Sie Prioritäten setzen, um effektiver und erfolgreicher zu werden?

Oppositionsphase (2010 bis 2011):

- Wo haben Sie Ihre persönliche Wachstumsgrenze erreicht?
- Inwieweit können Sie nun ernten, was Sie in den vergangenen 10 Jahren gesät haben?
- In welchen Bereichen sind Sie übers Ziel hinausgeschossen, so dass Sie nun kürzer treten müssen?
- Welche Ihren großen Erwartungen der letzten Jahre haben sich erfüllt, welche nicht?
- Woran sind Sie gescheitert, und wen oder was machen Sie dafür verantwortlich?
- Wo sind Sie unter Ihren Möglichkeiten geblieben, wo haben Sie sich überschätzt?
- Woran mangelt es Ihnen, und wo erleben Sie im Gegensatz dazu Glück und Fülle?

Der Saturn/Neptun-Zyklus (1989 – 2026)

Der aktuelle Saturn/Neptun-Zyklus begann mit einer dreifachen Konjunktion beider Planeten im Jahr 1989. Die letzte dieser Konjunktionen wurde vier Tage nach dem Fall der Berliner Mauer auf 10° Steinbock exakt. Den Höhepunkt des Zyklus bildete die dreifache Saturn/Neptun-Opposition in den Jahren 2006 und 2007 zwischen 18° und 22° Löwe/ Wassermann. Die kritischen Quadratphasen des Zyklus fanden von 1998 bis 1999 mit Saturn Ende Widder bzw. Anfang Stier und Neptun Ende Steinbock, Anfang Wassermann statt. Die Quadratphase des abnehmenden Zyklus findet zwischen 2015 und 2016 mit Saturn auf 7° bis 12° Schütze und Neptun in den gleichen Gradbereichen des Zeichens Fische statt. Der Zyklus endet 2026 mit einer Konjunktion beider Planeten auf 1° Widder.

Die mundanen Entsprechungen des Saturn/Neptun-Zyklus

Der Traum vom besseren Leben

Der Saturn/Neptun-Zyklus handelt von der Sehnsucht, hohe Ideale und Visionen zu verwirklichen. Es geht um den Traum von einem besseren Leben in einer besseren Welt, und wenn alles gut geht, winkt am Ende schließlich das Paradies auf Erden. Geht es jedoch schief, ist die Enttäuschung groß. Der Saturn/ Neptun-Zyklus handelt daher auch von Lug und Betrug und dem Verlust von Lebensfundamenten. So läuft er auf der einen Seite synchron mit Pleiten und Niederlagen, symbolisiert jedoch andererseits den Glanz und Zauber bei der Verwirklichung kühner Visionen, die dem Wohle aller dienen.

Saturn/Neptun und der Kommunismus

Auf mundanastrologischer Ebene ist der Saturn/Neptun-Zyklus u.a. eng mit dem Entstehen und der Entwicklung des Kommunismus verknüpft. Die drei markanten Konjunktionsphasen des 20. Jahrhunderts fielen in die Jahre 1917, 1953 und 1989, und die Quadratphase von Sommer 1944 bis April 1945 verlief synchron zur Endphase des Zweiten Weltkriegs. Man darf gespannt sein, welche Entwicklung der Kommunismus im 21. Jahrhundert nehmen wird. Wichtige Stationen waren bereits die Jahre 2006 und 2007, verbunden mit dem Wiedererstarken der Sowjetunion unter Präsident Putin. In näherer Zukunft von Bedeutung sind die Jahre 2015 und 2016 und in etwas ferner Zukunft natürlich die Konjunktionsphasen in den Jahren 2026, 2061 und 2096.

Substanzverluste

Im wirtschaftlichen Bereich symbolisiert der Saturn/Neptun-Zyklus oftmals den Verlust von Substanz. Aufgrund von unrealistischen Erwartungen und Fehleinschätzungen kommt es insbesondere in den Spannungsphasen des Zyklus gehäuft zu starken wirtschaftlichen Einbrüchen und Firmen-Insolvenzen. In diesen Phasen zeigt sich, wo auf Sand gebaut wurde. Sicher geglaubte Strukturen erweisen sich als porös und brüchig. Gleichzeitig fehlt häufig das Verantwortungsbewusstsein, für die entstehenden Schäden einzustehen. Die Schuldigen sind unter Saturn/Neptun-Konstellationen nur selten zu greifen. Sie machen sich aus dem Staub und verschwinden endgültig von der Bildfläche, oder sie tarnen sich und kehren im Gewand des Retters auf die Bühne des Geschehens zurück.

Der Saturn/Neptun-Zyklus im persönlichen Erleben

Verwirklichung von Lebensträumen

Auf einer persönlichen Ebene geht es beim Saturn/Neptun-Zyklus um die Verwirklichung von Lebensträumen. Bei solch großen, von starken inneren Sehnsüchten getragenen Projekten sind Enttäuschungen nahezu unvermeidlich. Sie haben jedoch auch ihr Gutes, denn mit jeder Hoffnung, die sich als Illusion erweist, rücken die wahren Träume ein Stück näher. Unter Saturn/Neptun-Konstellationen spürt man, was nicht funktioniert, weil das Fundament brüchig ist und man sich falsche Hoffnungen gemacht hat.

Zwischen Hoffen und Scheitern

Entscheidend ist, wie mögliches Scheitern individuell verarbeitet wird, denn es wäre verkehrt, bei jeder Enttäuschung gleich gänzlich die Hoffnung zu verlieren. Wer seine Lektionen aus etwaigen Rückschlägen der Jahre 1998 und 1999 sowie 2006 und 2007 gelernt und die Weichen entsprechend gestellt hat, der kann sich auch in der zweiten Hälfte des Saturn/Neptun-Zyklus von 2007 bis 2026 noch große Hoffnungen auf die Verwirklichung seiner Wünsche machen. Wer jedoch der Versuchung erlag, Misserfolge und Enttäuschungen zu vertuschen und anderen gegenüber Normalität zu simulieren, der wird in der Quadratphase des Zyklus in den Jahren 2015 und 2016 entsprechende Probleme ernten.

Kleine Paradiese

Saturn/Neptun-Konstellationen symbolisieren die Sehnsucht, sich irgendwo im Leben ein kleines Paradies zu schaffen. Letztendlich sehnt sich jeder danach, dem eher nüchternen Alltag saturnischer Lebenswelten etwas Glanz und Zauber zu verleihen, damit die Lebensfreude nicht zu kurz kommt.

Fragen zur Erforschung der persönlichen Resonanz zu den Themen des Saturn/Neptun-Zyklus:

Konjunktionsphase (1989):

- Welche Träume würden Sie in Zukunft gerne verwirklichen?
- Wo hat sich Ihre bisherige Realität als Illusion entpuppt?
- Mit welchen neuen Wirklichkeiten sind Sie konfrontiert?
- Welche Tatsachen haben Sie verschleiert und ausgeblendet?
- Welche Wünsche sind unverhofft Wirklichkeit geworden?
- Womit wollten Sie dem grauen Alltag entfliehen?
- Welche Grenzen haben sich aufgelöst?
- Aus welchen trügerischen Scheinwelten sind Sie herausgerissen worden?
- Welche Sehnsüchte haben Ihnen den Rücken gestärkt?
- Wo haben Sie sich von der Realität enthoben gefühlt?

Quadratphase (1998 bis 1999 und 2015 bis 2016)

- Wo erleben Sie das Platzen Ihrer Träume und Sehnsüchte?
- In welchen Bereichen sind Sie mit großen Substanzverlusten konfrontiert?
- Welche Tatsachen sind Ihnen bislang verheimlicht worden?
- Wo haben Sie auf Sand gebaut?
- Wo erleben Sie große Enttäuschungen?
- In welchen Bereichen macht sich Ernüchterung breit?

Sextilphase (1995 bis 1996 und 2019) bzw.
Trigonphase (2001 bis 2002 und 2012 bis 2013):

- Wo machen Sie große Fortschritte bei der Verwirklichung Ihrer Träume?
- Welche Inspirationen helfen Ihnen bei der Bewältigung des Alltags?
- Wo kommt Ihr schöpferisches Potenzial konkret zum Ausdruck?
- Welche Wunder können wahr werden, welche nicht?
- Welche Ihrer Sehnsüchte nehmen allmählich konkrete Formen an?
- Wo sind Sie bereits zu einem umfassenderen Verständnis der Wirklichkeit gelangt?

Oppositionsphase (2006 und 2007):

- In welchen Lebensbereichen sind Sie zwischen Traum und Wirklichkeit hin und her gerissen?
- Wie können Sie Ihre Sehnsucht in konstruktive Bahnen lenken?
- Wo gaukeln Sie sich selbst und anderen etwas vor, statt der Realität ins Auge zu sehen?
- Wo machen Sie andere für Ihre Enttäuschungen verantwortlich?
- Wie ernst nehmen Sie Ihre spirituellen Bedürfnisse?
- Was können Sie konkret tun, um Ihre Träume weiterhin leben zu können?
- Wo klaffen in Ihrem Leben Sein und Schein zu weit auseinander?

Chaos und Neuordnung

Neptun in Fische (2011 – 2026)

Neptun tritt im April 2011 erstmals nach knapp 150 Jahren wieder in das Zeichen Fische ein und durchwandert es bis zum Januar 2026. Er befindet sich bildlich gesprochen in seinem Heimathafen, denn er ist diesem Zeichen als Herrscherplanet zugeordnet. Zwei Jahre vor seinem Eintritt in Fische wird Neptun erstmals am 11. April 2009 an jenen Punkt seiner Bahn zurückkehren, an dem er sich bei seiner Entdeckung am 24. September 1846 kurz nach Mitternacht befand. Damit vollendet er den ersten Umlaufzyklus seit seiner Sichtung durch Johann Galle.

Die mundanen Entsprechungen von Neptun in Fische

Die Tür zum Paradies

Während Neptun-in-Fische-Perioden steht die Tür zum Paradies weit offen, und es besteht die Möglichkeit, aus dem Urgrund allen Seins zu schöpfen und sich vom unendlichen Meer der Bilder, Träume, Fantasien und Möglichkeiten inspirieren zu lassen. Gleichzeitig sind auch dem Chaos Tür und Tor geöffnet. Das Ungeordnete der Existenz verführt zu schöpferischer Ekstase und verheißt Glück, Rettung und Erlösung.

Der Neptunzyklus durch die Zeichen des Tierkreises findet

seine Entsprechung vor allem im sozialen, spirituellen und künstlerischen Bereich. Er handelt auch von Schwäche, Not und Hilflosigkeit.

Not und soziale Unruhen

Zuletzt wanderte Neptun von 1848 bis 1862 durch das Zeichen Fische. Sein damaliger Eintritt in Fische fiel in die Zeit der revolutionären Unruhen im März 1848. Die Vision eines demokratisch legitimierten deutschen Nationalstaates ging damals jedoch noch nicht in Erfüllung. In Irland erreichte die Hungersnot in den Jahren 1848 und 1849 mit knapp einer Million Toten infolge des Ausfalls der Kartoffelernten ihren Höhepunkt. Im medizinischen Bereich setzte zu jener Zeit die Bekämpfung körperlicher Schmerzen mittels Anästhesie ein.

Natürlich werden sich solche Ereignisse bei Neptuns Wechsel in Fische im Frühjahr 2011 nicht zwangsläufig wiederholen. Dennoch ist möglicherweise mit starken sozialen Unruhen zu rechnen, die ihren Ursprung darin haben, dass sich Menschen in großer Not befinden und keine oder zu wenig Hilfe erhalten. Auch Nahrungsmittelengpässe sind denkbar.

Mutierte Viren und neptunische Bilderwelten

Die Grenzen auflösende Kraft von Neptun in Fische kann sich auch in der Verbreitung von unter Uranus/Neptun mutierten Viren zeigen, gegen die es zunächst keinen Schutz gibt und die sich rasch über die gesamte Erde ausbreiten.

Im künstlerischen Bereich werden mit Neptun in Fische vor allem die spirituellen und heilerischen Dimensionen kreativer und schöpferischer Prozesse in den Vordergrund rücken. Denkbar sind auch eine Verkitschung neptunischer Bilderwelten sowie eine banale Beliebigkeit im künstlerischen Ausdruck überhaupt. Die unter Uranus/Neptun entstandenen digitalen Medien bieten sicherlich eine perfekte Plattform zum Ausleben der

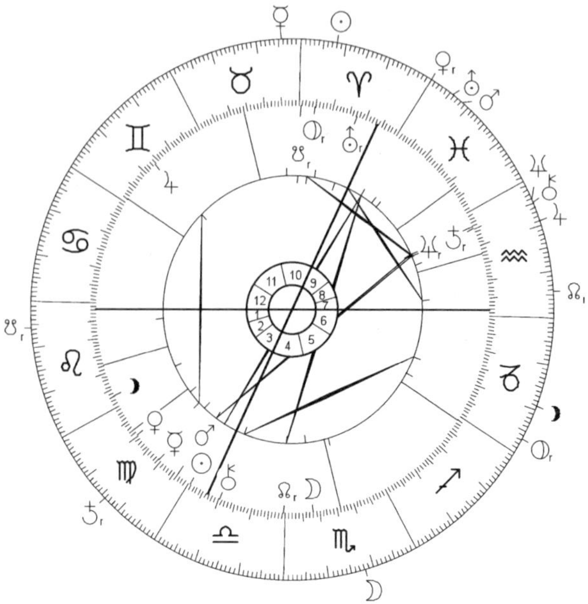

Abb. 4: Erstmalige Vollendung eines kompletten Neptun-Umlaufs am 11. April 2009 seit seiner Entdeckung am 24.09.1846 um 0:14 Uhr LMT in Berlin, 13E20, 52N30

von Neptun in Fische freigesetzten Fantasien und Sehnsüchte. Dies wird eine weitere Verschiebung des Wirklichkeitsverständnisses zur Folge haben.

Neptun in Fische im persönlichen Erleben

Sehnsucht nach Erlösung

Auf einer persönlichen Ebene werden während Neptun-in-Fische-Perioden starke Erlösungssehnsüchte und Retterfantasien freigesetzt. Gleichzeitig steht die Tür zum kollektiven Unbewussten weit offen. Sensible und meditativ veranlagte Menschen werden sich über den Zugang zu neuen spirituellen Dimensionen ihres Daseins freuen, andere wiederum werden sich zunehmend verwirrt und orientierungslos fühlen. Unter Neptun in Fische wird es keineswegs einfacher, Neurosen und Psychosen von mystisch-spirituellen Ekstasen zu unterscheiden, denn wenn alle Kanäle nach oben geöffnet sind und die Grenzen des Ichs sich allmählich auflösen, fehlt es oftmals am richtigen Unterscheidungsvermögen für die teilweise verwirrenden Erfahrungen, die das eigene Unbewusste regelrecht überfluten können.

Empathie und Hilfsbereitschaft

Im persönlichen Erleben sind unter Neptun in Fische Empathie und Hilfsbereitschaft gefragt. An Gelegenheiten, anderen Menschen zu helfen, wird es mit Sicherheit nicht mangeln. In der einen oder anderen Form wird sich jeder mit Schwäche und Hilflosigkeit auseinanderzusetzen haben. Eine der Weisheiten von Neptun in Fische lautet, dass alles mit allem verbunden ist – dem wird man sich auch auf einer persönlichen Ebene nicht entziehen können. Es ist daher wichtig, sich dem Leben und anderen Menschen anzuvertrauen, denn Trennung und Abgrenzung werden sich unter Neptun in Fische als Illusion erweisen. Niemand lebt für sich allein. Je besser es gelingt, sich mit anderen zu verbinden, desto mehr Heilung ist möglich.

Von der Quelle trinken

Unter Neptun in Fische lassen sich auch in spiritueller Hinsicht große Fortschritte erzielen, und im persönlichen Erleben stehen Werte wie Mitgefühl, Barmherzigkeit, Opferbereitschaft und Selbstlosigkeit wieder hoch im Kurs.

Neptun in Fische bietet die Gelegenheit, direkt von der Quelle zu trinken und der eigenen Kreativität und Schöpferkraft freien Lauf zu lassen. Doch es braucht einen gut entwickelten Saturn, damit daraus etwas Konkretes geschaffen und dauerhaft manifestiert werden kann.

Fragen zur Erforschung der persönlichen Resonanz zu den Themen von Neptun in Fische:

- Wo öffnen sich für Sie Türen in andere Welten?
- In welchen Bereichen kommen Ihre kreativ-künstlerischen Talente ins Fließen?
- Wo fangen Sie an, Suchtverhalten zu entwickeln?
- Wo ist es an der Zeit, die Schleier Ihrer Täuschungen zu lüften?
- Wo ziehen Sie sich in Traumwelten zurück und leben an der Wirklichkeit vorbei?
- Womit tarnen Sie Ihre Schwäche und Hilflosigkeit?
- Wo ist Ihr Mitgefühl gefragt?
- Wie können Sie Ihre größten Sehnsüchte am besten stillen?
- Wo verspüren Sie eine starke Inspiration und schöpferische Ekstase?
- Wo fehlt es Ihnen an Vertrauen ins Leben und an Hingabe an das Dasein?

Die Jupiter/Saturn/Pluto-Konjunktion (2020)

Der aktuelle Jupiter/Saturn-Zyklus endet mit der Konjunktion beider Planeten im Dezember 2020 im ersten Grad des Wassermann-Zeichens. Diese Konjunktion findet in unmittelbarer Nachbarschaft zu Pluto Ende Steinbock statt.

Die mundanen Entsprechungen der Jupiter/Saturn/Pluto-Konjunktion 2020

Beginn einer neuen Weltordnung

Die Jupiter/Saturn/Pluto-Konjunktion symbolisiert das Ende einer alten und den Beginn einer neuen Weltordnung. Ein solcher epochaler Umwälzungsprozess vollzieht sich natürlich nicht innerhalb weniger Monate, dennoch markiert diese besondere Konstellation einen historischen Wendepunkt. Da sie im Übergang von Steinbock zu Wassermann stattfindet, können sich andere Ordnungen sowie neue Herrschaftsbereiche und Weltmächte etablieren, verbunden mit einem tief greifenden Paradigmenwechsel, der das politische und gesellschaftliche Leben auf der Erde nachhaltig verändern wird. Möglicherweise endet dann die Vorreiterrolle der heutigen Weltmacht USA und das Gesicht der Welt wird künftig durch andere Staaten und Kulturen geprägt.

Der Geist des Wassermann-Zeitalters

Wenn es das viel zitierte Wassermann-Zeitalter tatsächlich geben sollte, dann müsste zum Beginn des dritten Jahrzehnts des 21. Jahrhunderts sein Geist in aller Deutlichkeit zum Ausdruck kommen. Freiheit, Gleichheit und Brüderlichkeit wären dann Teil des neuen Paradigmas, welches das globale Handeln bestimmen wird. Es werden neue Formen der Kooperation und Zusammenarbeit auf politischer, wirtschaftlicher und gesellschaftlicher Ebene entstehen, die dem Netzwerkgedanken Rechnung tragen und auf modernsten Technologien basieren. Gleichzeitig werden sich die Fortschritte und Errungenschaften der letzten Jahrzehnte in neuer Form zu bewähren haben.

Die Umsetzung und Bewältigung der mit der Konjunktion 2020 beginnenden Projekte wird die Agenda der nachfolgenden zwei Jahrzehnte bis zum Jahr 2040 maßgeblich bestimmen, doch bis dahin ist es von heute aus gesehen noch ein weiter Weg.

Die Jupiter/Saturn/Pluto-Konjunktion 2020 im persönlichen Erleben

Auch auf einer persönlichen Ebene stellt diese Konstellation einen Wendepunkt dar. Viele, zum Teil Jahrzehnte umfassende Prozesse finden in dieser Phase ihren Abschluss, und es treten neue Aufgaben und Ziele ins Bewusstsein. Es gilt, das eigene Verhältnis zur Gesellschaft zu überdenken und vor dem Hintergrund der Erfahrungen der Vergangenheit die eigene Rolle in der Welt und den persönlichen Beitrag zum gesellschaftlichen Leben neu zu definieren.

Der mit der Jupiter/Saturn/Pluto-Konjunktion erforderliche Paradigmenwechsel wird auch im persönlichen Erleben seinen Ausdruck finden. Es treten neue Werte in den Vordergrund, die als Maßstab für das eigene Handeln den Grundstein für andere Lebensformen legen und die besser als bislang den Erfordernissen der Gemeinschaft entsprechen und zu mehr Gemeinsinn führen werden.

Wer schon immer von Grund auf ein neues und besseres

Leben führen wollte, der muss zwar nicht bis zum Jahr 2020 damit warten – doch spätestens dann wird dies zur existenziellen Notwendigkeit.

Fragen zur Erforschung der persönlichen Resonanz zu den Themen der Jupiter/Saturn/Pluto-Konjunktion 2020:

- Wo besteht in Ihrem Leben die Notwendigkeit einer fundamentalen Neuordnung?
- Wie können Sie sich neue gesellschaftlichen Einflussmöglichkeiten verschaffen?
- Wo steht ein persönlicher Paradigmenwechsel an?
- Welche Glaubenssätze haben sich endgültig überlebt?
- In welchen Bereichen fängt für Sie ein neuer Wachstumszyklus an?
- Wie können Sie die gesellschaftlichen Umbrüche für Ihr persönliches Wachstum nutzen?
- Wo müssen Sie dem Kollektivschicksal Ihr Tribut zollen?

Die Astrozyklen von 2010 – 2020 im Überblick

Das Schlüsseljahr 2010 und die Dynamik des kardinalen Kreuzes

Die für das zweite Jahrzehnt des 21. Jahrhunderts relevanten astrologischen Zyklen und Konstellationen klingen bereits im Sommer 2010 an, wenn sich anlässlich der Mondfinsternis vom 26. Juni 2010 ein Großes Kreuz zwischen den Positionen des Vollmondes und den Planeten Jupiter, Saturn, Uranus und Pluto bildet. Mit diesem Großen Kreuz ist angezeigt, dass in den astrologischen Entsprechungen des kardinalen Kreuzes der Zeichen Widder, Krebs, Waage und Steinbock die Maßstäbe für das kommende Jahrzehnt zu suchen und zu finden sind.

Das Jahr 2010 stellt in vielfacher Hinsicht einen Umkehr- und Wendepunkt dar. Die Aktivierung des kardinalen Kreuzes durch Jupiter, Saturn, Uranus und Pluto wird sich auf allen Ebenen des Daseins in Form frischer Impulse und Initiativen niederschlagen, die neue und langfristige Entwicklungsdynamiken anstoßen, deren Auswirkungen die Agenda des kommenden Jahrzehnts weitgehend bestimmen werden. Mit der Konjunktion von Jupiter und Uranus Anfang Widder geht eine Aufbruchsstimmung einher, die es in Verbindung mit Saturn in Waage in konstruktive Bahnen zu lenken und für einen fairen Interessensausgleich zu nutzen gilt, während die Stellung von Pluto in Steinbock auf die Notwendigkeit eines tiefen Strukturwandels verweist. Möglicherweise kommen diese Konstellationen in Form eines Systemsschocks zum Ausdruck, durch den binnen kurzer Zeit rasante Neuentwicklungen forciert werden.

2012 bis 2015 – Das Uranus-Pluto-Quadrat – Die Welt steht kopf

Die wohl bedeutsamste Konstellation im zweiten Jahrzehnt des 21. Jahrhunderts ist das Quadrat von Uranus und Pluto. Es erstreckt sich von 2012 bis 2015 und wird insgesamt sieben Mal exakt. Unter dieser Konstellation werden die geltenden Machtverhältnisse auf den Kopf gestellt. Es kommt zu tief greifenden Umbrüchen, bei denen das Unterste nach oben gekehrt wird. Alles, was bislang unterdrückt wurde, drängt nach Befreiung. Der mit Pluto in Steinbock einhergehende Strukturwandel erfasst alle Bereiche des gesellschaftlichen, politischen und wirtschaftlichen Lebens und wird durch die von Uranus in Widder angezeigte Aufbruchsstimmung und den damit verbundenen Pioniergeist zusätzlich befeuert. Die erste Hälfte des neuen Jahrzehnts ist daher von einer starken Dynamik gekennzeichnet, der eine enorme Sprengkraft innewohnt, sodass etablierte Ordnungen aus den Angeln gehoben und bislang gültige Normen und Regeln komplett durcheinandergewirbelt werden.

2013 – Das Wasserzeichentrigon, eine Wunschverwirklichungskonstellation

Die mit dem Uranus-Pluto-Quadrat in Zusammenhang stehenden Umbrüche gehen mit technologischen Neuerungen einher, die Quantensprüngen gleichen und den heutigen Stand von Wissenschaft und Technik revolutionieren werden. Dabei kommt eine weitere wichtige Planetenkonstellation der ersten Hälfte des kommenden Jahrzehnts zum Tragen: das große Trigon von Jupiter, Saturn und Neptun in den Wasserzeichen Krebs, Skorpion und Fische, das im Sommer des Jahres 2013 exakt wird. Die mit dieser Konstellation ins Fließen kommende schöpferische Intuition und kreativ-künstlerische Inspiration ermöglicht die

Verwirklichung großer Visionen und umfassender Lebensträume. Gleichzeitig zeigt dieses Wasserzeichen-Trigon an, dass die Kälte und Härte, die mit dem Uranus-Pluto-Quadrat einhergeht, durch eine Intensivierung des seelisch-emotionalen Erlebens und Empfindens und durch soziale Kompetenzen wie Empathie und Hilfsbereitschaft gemildert und aufgefangen werden kann.

Die eher problematischen, schmerzhaften und radikalen Konsequenzen aus dem Uranus-Pluto-Quadrat werden daher erst ab 2014 voll zum Tragen kommen. Insbesondere im Frühjahr 2014, wenn Jupiter ein T-Quadrat mit Uranus und Pluto bildet, ist die Versuchung groß, sich von radikalen Maßnahmen eine Wendung zu Guten zu erhoffen. Doch das wie auch immer geartete Glück wird sich selbst dann nicht erzwingen lassen.

2015 und 2016 – Zerreißproben, Verteilungskämpfe, Substanzverluste

Die gesamte Entwicklungs- und Veränderungsdynamik des Uranus-Pluto-Quadrats erfährt dann in den Jahren 2015 und 2016 ihren Höhepunkt und wird durch die Spannungen des zeitgleich stattfindenden Jupiter-Saturn-Quadrats sowie des Saturn-Neptun-Quadrats zusätzlich verstärkt. In diesen beiden Jahren ist daher in vielen Bereichen mit massiven Substanzverlusten sowie das System gefährdenden inneren und äußeren Zerreißproben zu rechnen. In der Mitte des kommenden Jahrzehnts wird im gesellschaftlichen, politischen und wirtschaftlichen Bereich eine äußerst instabile Phase durchlaufen, die mit einer großen Unsicherheit in Bezug auf tragende Strukturen und geltende Regeln verbunden ist. In den Jahren 2015 und 2016 wird sich zeigen, wie viel Substanz real vorhanden ist und wie tragfähig und belastbar die bisherigen Fundamente und Strukturen noch sind, um auch in Zukunft weiter darauf bauen zu können. Gleichzeitig dürfte der Kampf um neue Ordnungen und Machtverhältnisse weltweit mit aller Härte ausgefochten werden. In dieser Phase entscheidet sich, wer die neue Weltordnung maßgeblich mitgestaltet, deren Fundament bis 2020 gelegt sein wird.

2017 – Die Ruhe nach dem Sturm

Auf die heftigen Turbulenzen der Jahre 2015 und 2016 folgt eine vergleichsweise ruhige Periode mit einer insgesamt deutlich geringer ausgeprägten Dynamik. Das Trigon von Saturn und Uranus ist die prägende Konstellation des Jahres 2017. Sie markiert eine Übergangsphase von der alten zur neuen Weltordnung, bei der nicht mehr die Verteilungskämpfe der Jahre 2015 und 2016 im Vordergrund stehen, sondern die bereits abgesteckten Claims und Reviere nach und nach in Besitz genommen und mit Inhalten gefüllt werden. In gewisser Weise ist im Jahr 2017 ein Tiefpunkt erreicht, zumindest in Bezug auf die insgesamt vergleichsweise hohe und intensive Entwicklungsdynamik des zweiten Jahrzehnts des 21. Jahrhunderts. Dafür können wichtige Etappen des Übergangs von der Vergangenheit zur Zukunft in diesem Jahr ohne allzu große Schwierigkeiten vollzogen werden.

2018 und 2019 – Konsolidierung und Vorbereitung des Paradigmenwechsels

In den Jahren 2018 und 2019 stehen großenteils harmonische Konstellationen von Jupiter und Saturn im Vordergrund. Es handelt sich um eine vergleichsweise ruhige Phase der Konsolidierung des bis dato Erreichten. Gleichzeitig wird der Beginn einer neuen Epoche vorbereitet. In gewisser Weise haben diese beiden Jahre den Charakter einer 12.-Haus-Phase und stehen in Analogie zum balsamischen Mond. Das Alte ist fast vorbei und das Neue beginnt schon im Verborgenen zu wachsen, ohne bereits sichtbar zu sein.

2020 – Der Beginn einer neuen Weltordnung

Die mit Jupiter, Saturn und Pluto verbundenen Planetenzyklen finden ihren Höhepunkt in der Konjunktion dieser drei Planeten im Übergang von Steinbock nach Wassermann im Jahr 2020. Pluto wird zwar noch bis 2024 in Steinbock verweilen, dennoch etabliert sich bis 2020 eine neue Weltordnung, die ein Resultat aus den Prozessen der Jahre 2010 – 2020 darstellt.

Mit dieser Konstellation ist ein Paradigmenwechsel verbunden, der neue Maßstäbe für das dritte und vierte Jahrzehnt des 21. Jahrhunderts setzen wird. Gleichzeitig beginnt ein neuer Wachstumszyklus, der auf politischer Ebene mit einem Systemwechsel im großen Stil einhergeht. Die Machtfrage in Bezug auf die führende Weltnation und die vorherrschende politische und wirtschaftliche Ideologie wird in dieser Phase neu entschieden.

Die wichtigen Planetenkonstellationen 2010 – 2020

2010	31.01.	Saturn Quadrat Pluto (♄ □ ♇)
	06.02.	Jupiter Sextil Pluto (♃ ⚹ ♇)
	07.02.	Neptun Konjunktion Neptun (Entdeckung) (♆ ☌ ♆)
	17.02.	Chiron Konjunktion Neptun (⚷ ☌ ♆)
	27.04.	Saturn Opposition Uranus (♄ ☍ ♅)
	23.05.	Jupiter Opposition Saturn (♃ ☍ ♄)
	08.06.	Jupiter Konjunktion Uranus (♃ ☌ ♅)
	28.06.	Großes Kreuz zur Mondfinsternis
	25.07.	Jupiter Quadrat Pluto (♃ □ ♇)
	26.07.	Saturn Opposition Uranus (♄ ☍ ♅)
	03.08.	Jupiter Quadrat Pluto (♃ □ ♇)
	16.08.	Jupiter Opposition Saturn (♃ ☍ ♄)
	21.08.	Saturn Quadrat Pluto (♄ □ ♇)
	19.09.	Jupiter Konjunktion Uranus (♃ ☌ ♅)

2011	04.01.	Jupiter Konjunktion Uranus (♃ ☌ ♅)
	25.02.	Jupiter Quadrat Pluto (♃ □ ♇)
	28.03.	Jupiter Opposition Saturn (♃ ☍ ♄)
	09.06.	Jupiter Sextil Neptun (♃ ⚹ ♆)
	02.07.	Jupiter Sextil Chiron (♃ ⚹ ⚷)
	07.07.	Jupiter Trigon Pluto (♃ △ ♇)
	28.11.	Jupiter Trigon Pluto (♃ △ ♇)
	06.12.	Jupiter Sextil Chiron (♃ ⚹ ⚷)

2012	15.02.	Jupiter Sextil Chiron (♃ ⚹ ⚷)
	13.03.	Jupiter Trigon Pluto (♃ △ ♇)
	12.05.	Chiron Sextil Pluto (⚷ ⚹ ♇)
	24.06.	Uranus Quadrat Pluto (♅ □ ♇)
	25.06.	Jupiter Quadrat Neptun (♃ □ ♆)
	22.07.	Jupiter Sextil Uranus (♃ ⚹ ♅)
	24.07.	Jupiter Quadrat Chiron (♃ □ ⚷)
	06.09.	Chiron Sextil Pluto (⚷ ⚹ ♇)
	19.09.	Uranus Quadrat Pluto (♅ □ ♇)
	11.10.	Saturn Trigon Neptun (♄ △ ♆)
	16.11.	Saturn Trigon Chiron (♄ △ ⚷)
	27.12.	Saturn Sextil Pluto (♄ ⚹ ♇)

2013	15.01.	Jupiter Quadrat Chiron (♃ □ ⚷)
	08.03.	Saturn Sextil Pluto (♄ ⚹ ♇)
	21.03.	Saturn Trigon Chiron (♄ △ ⚷)
	22.03.	Jupiter Quadrat Chiron (♃ □ ⚷)
	04.04.	Chiron Sextil Pluto (⚷ ⚹ ♇)
	21.05.	Uranus Quadrat Pluto (♅ □ ♇)
	12.06.	Saturn Trigon Neptun (♄ △ ♆)
	17.07.	Jupiter Trigon Saturn (♃ △ ♄)
	18.07.	Jupiter Trigon Neptun (♃ △ ♆)
	19.07.	Saturn Trigon Neptun (♄ △ ♆)
	07.08.	Jupiter Opposition Pluto (♃ ☍ ♇)
	21.08.	Jupiter Quadrat Uranus (♃ □ ♅)
	21.08.	Jupiter Trigon Chiron (♃ △ ⚷)
	21.09.	Saturn Sextil Pluto (♄ ⚹ ♇)
	02.10.	Saturn Trigon Chiron (♄ △ ⚷)
	28.10.	Chiron Sextil Pluto (⚷ ⚹ ♇)
	01.11.	Uranus Quadrat Pluto (♅ □ ♇)
	13.12.	Jupiter Trigon Saturn (♃ △ ♄)

2014	31.01.	Jupiter Opposition Pluto (♃ ☍ ♇)
	05.02.	Jupiter Trigon Chiron (♃ △ ⚷)
	25.02.	Chiron Sextil Pluto (⚷ ⚹ ♇)
	26.02.	Jupiter Quadrat Uranus (♃ □ ♅)
	20.04.	Jupiter Quadrat Uranus (♃ □ ♅)
	21.04.	Jupiter Opposition Pluto (♃ ☍ ♇)
	21.04.	Uranus Quadrat Pluto (♅ □ ♇)
	14.05.	Jupiter Trigon Chiron (♃ △ ⚷)
	24.05.	Jupiter Trigon Saturn (♃ △ ♄)
	13.06.	Saturn Trigon Chiron (♄ △ ⚷)
	05.08.	Saturn Trigon Chiron (♄ △ ⚷)
	25.09.	Jupiter Trigon Uranus (♃ △ ♅)
	15.12.	Uranus Quadrat Pluto (♅ □ ♇)

2015	03.03.	Jupiter Trigon Uranus (♃ △ ♅)
	17.03.	Uranus Quadrat Pluto (♅ □ ♇)
	22.06.	Jupiter Trigon Uranus (♃ △ ♅)
	03.08.	Jupiter Quadrat Saturn (♃ □ ♄)
	17.09.	Jupiter Opposition Neptun (♃ ☍ ♆)
	11.10.	Jupiter Trigon Pluto (♃ △ ♇)
	03.11.	Jupiter Opposition Chiron (♃ ☍ ⚷)
	26.11.	Saturn Quadrat Neptun (♄ □ ♆)

2016	23.02.	Jupiter Opposition Chiron (♃ ☍ ⚷)
	16.03.	Jupiter Trigon Pluto (♃ △ ♇)
	23.03.	Jupiter Quadrat Saturn (♃ □ ♄)
	26.05.	Jupiter Quadrat Saturn (♃ □ ♄)
	18.06.	Saturn Quadrat Neptun (♄ □ ♆)
	26.06.	Jupiter Trigon Pluto (♃ △ ♇)
	13.08.	Jupiter Opposition Chiron (♃ ☍ ⚷)
	10.09.	Saturn Quadrat Neptun (♄ □ ♆)
	24.11.	Jupiter Quadrat Pluto (♃ □ ♇)
	25.12.	Saturn Trigon Uranus (♄ △ ♅)
	26.12.	Jupiter Opposition Uranus (♃ ☍ ♅)
	29.12.	Saturn Quadrat Chiron (♄ □ ⚷)

2017	25.01.	Pluto Opposition Pluto (Entdeckung) (♇ ☍ ♇)
	03.03.	Jupiter Opposition Uranus (♃ ☍ ♅)
	30.03.	Jupiter Quadrat Pluto (♃ □ ♇)
	30.04.	Saturn Quadrat Chiron (♄ □ ⚷)
	19.05.	Saturn Trigon Uranus (♄ △ ♅)
	04.08.	Jupiter Quadrat Pluto (♃ □ ♇)
	27.08.	Jupiter Sextil Saturn (♃ ⚹ ♄)
	28.09.	Jupiter Opposition Uranus (♃ ☍ ♅)
	02.11.	Saturn Quadrat Chiron (♄ □ ⚷)
	11.11.	Saturn Trigon Uranus (♄ △ ♅)
	03.12.	Jupiter Trigon Neptun (♃ △ ♆)

2018	16.01.	Jupiter Sextil Pluto (♃ ⚹ ♇)
	14.04.	Jupiter Sextil Pluto (♃ ⚹ ♇)
	25.05.	Jupiter Trigon Neptun (♃ △ ♆)
	19.08.	Jupiter Trigon Neptun (♃ △ ♆)
	12.09.	Jupiter Sextil Pluto (♃ ⚹ ♇)
	01.11.	Jupiter Trigon Chiron (♃ △ ⚷)

2019	13.01.	Jupiter Quadrat Neptun (♃ □ ♆)
	31.01.	Saturn Sextil Neptun (♄ ⚹ ♆)
	16.06.	Jupiter Quadrat Neptun (♃ □ ♆)
	18.06.	Saturn Sextil Neptun (♄ ⚹ ♆)
	21.09.	Jupiter Quadrat Neptun (♃ □ ♆)
	09.11.	Saturn Sextil Neptun (♄ ⚹ ♆)
	09.12.	Jupiter Quadrat Chiron (♃ □ ⚷)
	15.12.	Jupiter Trigon Uranus (♃ △ ⛢)

2020	12.01.	Saturn Konjunktion Pluto (♄ ☌ ♇)
	20.02.	Jupiter Sextil Neptun (♃ ⚹ ♆)
	05.04.	Jupiter Konjunktion Pluto (♃ ☌ ♇)
	30.06.	Jupiter Konjunktion Pluto (♃ ☌ ♇)
	27.07.	Jupiter Sextil Neptun (♃ ⚹ ♆)
	12.10.	Jupiter Sextil Neptun (♃ ⚹ ♆)
	12.11.	Jupiter Konjunktion Pluto (♃ ☌ ♇)
	01.12.	Jupiter Konjunktion Saturn (♃ ☌ ♄)

2010	Januar	Februar	März	April	Mai	Juni
	♄ □ ♇	♃ ⚹ ♇		♄ ☍ ♅	♃ ☍ ♅	Grosses
		♆ ⚹ ♇				♃ ☌ ♅
		⚷ ☌ ♆				
2011	**Januar**	**Februar**	**März**	**April**	**Mai**	**Juni**
	♃ ☌ ♅	♃ □ ♇	♃ ☍ ♄			♃ ⚹ ♆
2012	**Januar**	**Februar**	**März**	**April**	**Mai**	**Juni**
		♃ ⚹ ⚷	♃ △ ♇		⚷ ⚹ ♇	♅ □ ♇
						♃ □ ♆
2013	**Januar**	**Februar**	**März**	**April**	**Mai**	**Juni**
	♃ □ ⚷		♄ ⚹ ♇	⚷ ⚹ ♇	♅ □ ♇	♄ △ ♆
			♄ △ ⚷			
			♃ □ ⚷			
2014	**Januar**	**Februar**	**März**	**April**	**Mai**	**Juni**
	♃ ☍ ♇	♃ △ ⚷		♃ □ ♅	♃ △ ⚷	♄ △ ⚷
		⚷ ⚹ ♇		♃ ☍ ♇	♃ △ ♄	
		♃ □ ♅		♅ □ ♇		
2015	**Januar**	**Februar**	**März**	**April**	**Mai**	**Juni**
			♃ △ ♅			♃ △ ♅
			♅ □ ♇			
2016	**Januar**	**Februar**	**März**	**April**	**Mai**	**Juni**
		♃ ☍ ⚷	♃ △ ♇		♃ □ ♄	♃ △ ♇
			♃ □ ♄		♄ □ ♆	
2017	**Januar**	**Februar**	**März**	**April**	**Mai**	**Juni**
	♇ ☍ ♇		♃ ☍ ♅	♄ □ ⚷	♄ △ ♅	
			♃ □ ♇			
2018	**Januar**	**Februar**	**März**	**April**	**Mai**	**Juni**
	♃ ⚹ ♇			♃ ⚹ ♇	♃ △ ♆	
2019	**Januar**	**Februar**	**März**	**April**	**Mai**	**Juni**
	♃ □ ♆					♃ □ ♆
	♄ ⚹ ♆					♄ ⚹ ♆
2020	**Januar**	**Februar**	**März**	**April**	**Mai**	**Juni**
	♄ ☌ ♇	♃ ⚹ ♆		♃ ☌ ♇		♃ ☌ ♇

	Aug	Sept	Okt	Nov	Dez
□ ♇	♃ □ ♇	♃ ☌ ♅			
☍ ♅	♃ ☍ ♄				
	♄ □ ♇				
	Aug	Sept	Okt	Nov	Dez
⚹ ⚷				♃ △ ♇	♃ ⚹ ⚷
△ ♇					
	Aug	Sept	Okt	Nov	Dez
⚹ ♅		⚷ ⚹ ♇	♄ △ ♆	♄ △ ⚷	♄ ⚹ ♇
□ ⚷		♅ □ ♇			
	Aug	Sept	Okt	Nov	Dez
△ ♄	♃ ☍ ♇	♄ ⚹ ♇		♅ □ ♇	♃ △ ♄
△ ♆	♃ □ ♅	♄ △ ⚷			
△ ♆	♃ △ ⚷	⚷ ⚹ ♇			
	Aug	Sept	Okt	Nov	Dez
	♄ △ ⚷	♃ △ ♅			♅ □ ♇
	Aug	Sept	Okt	Nov	Dez
	♃ □ ♄	♃ ☍ ♆	♃ △ ♇	♃ ☍ ⚷	
				♄ □ ♆	
	Aug	Sept	Okt	Nov	Dez
	♃ ☍ ⚷	♄ □ ♆		♃ □ ♇	♄ △ ♅
					♃ ☍ ♅
					♄ □ ⚷
	Aug	Sept	Okt	Nov	Dez
	♃ □ ♇	♃ ☍ ♅		♄ □ ⚷	♃ △ ♆
	♃ ⚹ ♄			♄ △ ♅	
	Aug	Sept	Okt	Nov	Dez
	♃ △ ♆	♃ ⚹ ♇		♃ △ ⚷	
	Aug	Sept	Okt	Nov	Dez
		♃ □ ♆		♄ ⚹ ♆	♃ □ ⚷
					♃ △ ♅
	Aug	Sept	Okt	Nov	Dez
⚹ ♆			♃ ⚹ ♆	♃ ☌ ♇	♃ ☌ ♄

Über den Autor

Markus Jehle, Diplom-Psychologe und gepr. Astrologe DAV, leitet das 1991 von ihm mitbegründete Astrologie Zentrum Berlin und ist Chefredakteur und Mitherausgeber der astrologischen Fachzeitschrift Meridian. Er hat eine fünfbändige Lehrbuchserie zur kreativen Astrologie verfasst. Von ihm sind zahlreiche astrologische Vortrags-CDs und Lehr-Hörbücher erhältlich.

Informationen zu astrologischen Beratungen,
Seminaren, Aus- und Weiterbildung:

Astrologie Zentrum Berlin
Möckernstr. 68, Aufgang B, 10965 Berlin
Tel. & Fax: 030 – 785 84 59
E-Mail: info@Astrologie-Zentrum-Berlin.de
Homepage: www.Astrologie-Zentrum-Berlin.de

Informationen zu Vortrags-CDs und Lehr-Hörbüchern:
Marius Verlag Berlin, Postfach 61 31 51, 10942 Berlin
Tel.: 030 / 36 40 90 30
E-Mail: kontakt@mariusverlag.de
Homepage: www.mariusverlag.de

Ein Probe-Abo des «Meridian» erhalten Sie bei:
Interabo Meridian-Abonnentenservice
Postfach 103245, 20022 Hamburg
E-Mail: info@meridian-magazin.de
Homepage: www.meridian-magazin.de

Stimmen der Astrologie

MARKUS JEHLE

Astrozyklen

Wie wir unsere Zukunft gestalten können

Audio-CD, Spielzeit 63 Minuten
ISBN 978-3-89997-191-0

Diese Hörbuch-CD bietet einen umfassenden Überblick über die wichtigsten Planetenkonstellationen des kommenden Jahrzehnts. Markus Jehle erläutert, wie wir unsere Zukunft aktiv gestalten können. Dies ermöglicht dem Hörer ein vertieftes Verständnis der Zeichenstellungen und Zyklen der Planeten Jupiter, Saturn, Uranus, Neptun und Pluto – und dies über einen Zeitraum von mehr als 20 Jahren. Er geht auf sieben Themenbereiche ein, in denen von Schuld und Sühne, Aufbruch und Erneuerung, Krise und Wandlung, Erlösung und Befreiung, Umkehr und Katharsis, Fortschritt und Erfolg sowie Chaos und Schöpfung die Rede ist. Wer die vielseitigen Ausführungen von Markus Jehle hört, ist auf die Trends der Zukunft bestens vorbereitet.

«Es spricht für die Seriosität des Autors, dass er sich nicht, wie andere Autoren regelmäßig zum Jahreswechsel, auf konkrete Prognosen einlässt, sondern unmissverständlich feststellt, dass uns die Zukunft nur das bringen wird, was wir ihr geben. Das heißt, nicht die Sterne bestimmen unser Schicksal, sondern wir bestimmen als Menschen unser Schicksal selbst. Dabei sind wir jedoch wohlberaten, sowohl die Signaturen des Himmels als auch und nicht minder die Signaturen unserer irdischen Wirklichkeit als nachdrücklich bestimmende Faktoren zu beachten.» *Peter Schlapp in: Astrologie Heute Nr. 136*

CHIRON VERLAG

Standardwerke der Astrologie

MARKUS JEHLE

Wenn der Mond im siebten Hause steht

Kreative Astrologie – Grundwissen

Hardcover, 256 Seiten,
35 Abbildungen
ISBN 978-3-89997-175-0

Dieses ungewöhnliche Lehrbuch vermittelt astrologisches Wissen auf völlig neue Weise: Statt vorgefertigte Deutungsrezepte nachzuvollziehen, kann der Interessierte hier schnell zu einem schöpferischen Umgang mit der astrologischen Symbolsprache gelangen, die ihn innerhalb kurzer Zeit zu einer eigenständigen und kreativen Deutung von Horoskopen befähigt. In sorgfältig aufeinander abgestimmten Übungsschritten verbindet der Autor die alltägliche Erfahrungswelt des Lesers mit dem Wissen der Astrologie. Die Begegnung mit der Astrologie wird für den Leser somit zu einer Begegnung mit sich selbst, und seine persönlichen Erfahrungen bilden einen unmittelbar verfügbaren Wissensschatz, den er Schritt für Schritt mit der Astrologie zu verbinden lernt.

«Hier ist das Lehrbuch erschienen, das in die moderne psychologische Astrologie kompetent einführt. Ein Autor, der sich nicht als billiger Ratgeber aufspielt, auch nicht als allwissender Seelenkenner, sondern ein Astrologe, der seine Klienten und Leser ermutigt, ihr Schicksal selbst zu gestalten.» *Ernst Ott in: Meridian 4 – 96*

CHIRON VERLAG

Standardwerke der Astrologie

ALEXANDER RUPERTI

Kosmische Zyklen

Planetarische Muster des Wachstums
342 Seiten, Hardcover
ISBN 3-89997-126-4

Alle unsere Aktivitäten vollziehen sich innerhalb der Struktur von Zyklen. Ebenso ist das Geburtshoroskop der Ausgangspunkt eines individuellen Lebenszyklus. Ruperti verleiht der zyklischen Betrachtung des Horoskops eine neue Dimension. Zum einen beschreibt er den so genannten Altersfaktor mit den allgemein gültigen Zyklen und deren astrologische Entsprechungen. Jeder Mensch erlebt z.B. mit 24 Jahren das erste Uranus-Quadrat und mit ca. 29 Jahren die erste Wiederkehr des Saturn. Im zweiten Teil geht er intensiv auf die individuellen Zyklen ein, die sich aus dem jeweiligen Horoskop ergeben. Sonne/Mond-Zyklen oder Venus/Mars-Zyklen werden hier ebenso dargestellt wie die individuellen Umläufe der äußeren Planeten. Entscheidend ist hierbei, dass er auch im individuellen Horoskop jedes Geschehen immer zyklisch versteht. Da sich jeder Zyklus während bestimmter Entwicklungsphasen entfaltet, wird die Deutung der Möglichkeiten und Chancen vielschichtiger. Auf diese Weise wird es Ihnen ermöglicht, ein erfüllteres Leben auf allen Ebenen zu leben.

CHIRON VERLAG